Vorwort

Liebe Schülerin, lieber Schüler,

dieses Heft fasst das Sachwissen im Bereich **Antike Kultur** zusammen, mit dem du dich in den Klassen 5–8 (L 1) bzw. 6–8 (L 2) auseinandersetzen sollst. Was zum Sachwissen der einzelnen Jahrgangsstufe gehört, ist in der Kopfzeile bzw. im Inhaltsverzeichnis jeweils vermerkt.

Wenn dir das Ganze etwas umfangreich erscheint, dann keine Angst: Du musst nur zu den übergeordneten Themen, die jeweils in der Kopfzeile stehen, Auskunft geben können. Um das zu schaffen, orientierst du dich am besten an den alphabetisch angeordneten Stichwörtern. Sie dienen dir als Hilfen, mit denen du das jeweilige Thema aufrollen kannst. Außerdem findest du sie alle auch im Stichwortverzeichnis am Ende des Heftes wieder, um immer schnell an der richtigen Stelle nachsehen zu können.

Damit die Begriffe für dich verständlich bleiben, ist jeder so knapp wie möglich erläutert. Aber auch hier keine Angst: Diese Erläuterungen sind als Verständnishilfe für dich, nicht zum wortwörtlichen Auswendiglernen gedacht. Letztlich kommt es freilich darauf an, was deine Lehrerin oder dein Lehrer für »merk-würdig« erachtet. Da das durchaus verschieden sein kann, ist auf den meisten Seiten unten ein Freiraum für weitere wichtige, interessante oder auch lustige Einträge ausgespart.

Nun aber genug der Vorrede, ab in die antike Welt.

Essen: Morgens und mittags aßen die Römer nur wenig. Die Hauptmahlzeit (*cena*), zu der oft auch Freunde eingeladen waren, fand am späten Nachmittag statt. Man aß im Liegen, wobei drei Speisesofas um einen Tisch angeordnet wurden, weshalb das Esszimmer *tri-clinium* hieß. Man kannte Messer und Löffel. Als Gabel wurde das spitze Ende der Löffel verwendet. Bei den meisten Römern bestand die Ernährung aus Getreideprodukten, Obst und Gemüse, Fleisch und Fisch bildeten die Ausnahme auf der Speisekarte. Zur geschmacklichen »Verfeinerung« aller Speisen diente das »Ketchup« der Antike, eine aus Fischen gewonnene Soße namens *garum*.

Römer mit Tunika   Toga eines Senators   Römerin mit Stola

Familie: Unter Familie (*familia*) verstanden die Römer nicht nur eine aus Großeltern, Eltern, Kindern und anderen Verwandten bestehende Einheit. Zur Familie zählten auch die Sklaven [▶6] und die Schutzbefohlenen (*clientes*) des Herrn (*patronus*), der als *pater familias* fast unbeschränkte Macht über seine Familie ausüben konnte.

Kleidung: Die typische offizielle Kleidung des Römers war die *toga*. Die *toga* eines Senators war mit einem breiten Purpurstreifen, die eines römischen Ritters mit einem schmalen Purpurstreifen gesäumt. Die römischen Frauen trugen die *stola*. Unter dieser aus grobem, grauweißem Wollstoff gefertigten Oberbekleidung trugen sowohl Männer als auch Frauen die *tunica*, die aufgrund ihrer Bequemlichkeit die Alltagskleidung der Römer darstellte.

Zeiteinteilung: Ein Jahr hatte 12 Monate. Zunächst begann das Jahr mit dem März, weshalb der siebte bis zehnte Monat korrekt *September*, *October*, *November* und *December* genannt wurden. Seit 153 v. Chr. begann man das Jahr mit Januar und Februar, ohne die Benennung der nachfolgenden Monate abzuändern. Deswegen trägt bis heute der neunte Monat den Namen des ursprünglich siebten Monats (September) usw. Ein Tag hatte 24 Stunden, wovon jeweils zwölf Stunden auf den Tag und zwölf Stunden auf die Nacht entfielen. Die Stundenlänge richtete sich nach der Zeitspanne von Sonnenaufgang bis Sonnenuntergang, die von Jahreszeit zu Jahreszeit verschieden ist, aber immer auf zwölf Stunden verteilt wurde. So konnte eine Stunde im Sommer bis zu 75 min., im Winter hingegen auch nur 45 min. dauern.

Stadtleben / Stadthaus | ALLTAGSLEBEN

Stadtleben: Da es nur tagsüber Licht gab, spielte sich das Leben der freien Römer vor allem am Tag ab. Frühmorgens entboten die Klienten den Senatoren in deren Häusern den Morgengruß (*salutatio*). Danach dienten die Feiertage der Unterhaltung im Amphitheater [▸7], Circus [▸7], Theater [▸7; 20] – den reichen Römern auch zur Erholung und Bildung auf einem Landgut [▸6]. An Werktagen hingegen ging man zunächst auf dem Forum [▸17] seinen politischen, geschäftlichen und religiösen Pflichten nach, um sich anschließend in den Thermen [▸21] in gemütlichem Beisammensein für den Abend frisch zu machen, an dem man eine Einladung zum Essen [▸4] gab oder besuchte. Diese begann man bereits am späten Nachmittag, um vor Einbruch der Dunkelheit wieder sicher zu Hause zu sein. Veranstaltungsort dieser Festmähler waren die Stadthäuser (*domus*) der reichen Römer. Das breite Volk hingegen musste sich in einer der vielen Garküchen (*thermopolium*), die sich im Erdgeschoss der großen Wohnblöcke (*insula*) befanden, mit zumeist karger Kost zufrieden geben, während der nächtliche Lärm der Straßen über die Stadt hereinbrach. Denn nachdem der Lärm des Tages abgeklungen war, füllten nun die Fuhrwerke, die mit wenigen Ausnahmen nur nachts in die Stadt fahren durften, diese mit Krach. Davon bekamen freilich die reichen Römer in ihren Stadtpalästen nur kaum etwas mit.

Wohnung: Je nach Reichtum wohnten die Römer ganz verschieden. Die Armen lebten in engen Zimmern in den Obergeschossen der oft bis zu 20 m hohen Miethäuser (*insulae*) Roms ohne jeglichen Wohnkomfort. Die Reichen bewohnten hingegen entweder – vergleichbar mit heutigen Eigentumswohnungen – die erste Etage eines Miethauses (*cenaculum*) oder sie wohnten zusammen mit ihren Sklaven [▸6] ebenerdig in großen Stadtvillen (*domus*). Diese waren durch hohe, meist fensterlose Mauern vom Staub und Lärm der Straßen abgeschottet. Dahinter gruppierten sich im vorderen Teil des Hauses mehrere Räume um das Atrium (siehe Abb.), im hinteren Teil des Hauses befand sich ein säulengerahmter, gartenähnlicher Innenhof (*peristylium*). Die Ausstattung dieser Häuser war luxuriös, da sie neben bunt verziertem Wandschmuck, Mosaik- und Marmorfußböden oft auch über eine Fußbodenheizung, zum Teil sogar über eine eigene Toilette verfügten.

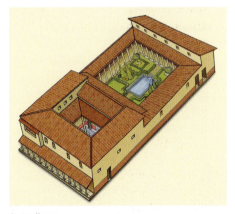

Peristylhaus

ALLTAGSLEBEN | Landleben / Landhaus

Landleben: Die meisten römischen Bürger lebten nicht in Rom, sondern auf dem Land. Dort waren sie als Kleinbauern in der Landwirtschaft tätig, um die Stadtbewohner und Soldaten mit Nahrungsmitteln zu versorgen. Hauptanbauprodukte waren Getreide, Oliven, Obst und Wein; daneben wurde auch Viehzucht – Rinder, Schweine, Schafe, Ziegen – betrieben. Da es den römischen Senatoren anders als den Rittern verboten war, Handel zu betreiben, »mussten« sie ihr Geld in der Landwirtschaft verdienen. Aus diesem Grund besaßen alle Senatoren große Landgüter (*villae rusticae* [▶6]), deren Verwaltungszentrum ein Gutshof bildete. Dieser diente manchen Senatoren als dauernder Wohnsitz, andere hingegen, deren Anwesenheit in Rom aufgrund z. B. politischer Ämter unverzichtbar war, statteten ihren Landgütern nur gelegentliche Besuche ab und ließen sie von ganzen Heerscharen von Sklaven und einem Gutsverwalter, der meist ebenso ein Sklave war, bewirtschaften.

Sklaven: Sklave wurde man durch Kriegsgefangenschaft, Piratenüberfall oder Schulden. Nachdem man wie eine Sache auf dem Sklavenmarkt gekauft worden war, war man entweder in den Stadthäusern der Reichen – unter anderem als Hausmädchen, Koch, Lehrer, Architekt, Arzt – tätig, der Großteil der Sklaven arbeitete aber in den staatlichen Bergwerken und Steinbrüchen oder auf den Landgütern der Senatoren [▶24]. Die dortige Arbeit war zwar hart, doch die Gutsbesitzer waren darauf bedacht, sich die Arbeitskraft ihrer teuer gekauften Sklaven zu erhalten. Deshalb erlaubten sie ihren Sklaven auch zu heiraten, um den Nachschub an Sklaven gleichsam im eigenen Haus zu produzieren. Arbeitete ein Sklave fleißig und machte sich um seinen Herrn verdient, konnte er von diesem auch freigelassen werden. Als Freigelassener (*libertus*) blieb er aber weiterhin in enger Verbindung zur Familie seines ehemaligen Herrn.

Villa rustica: Das Landgut bestand aus den Feldern, Weiden, Weinbergen bzw. Wäldern eines Großgrundbesitzers. Es wurde von einem Gutshof aus verwaltet. Dieser war oft zum Schutz ummauert und bestand zum einen aus dem Herrenhaus, das sich oft kaum von einer luxuriösen Wohnung [▶5] in der Stadt unterschied. Zum anderen umfasste er die für die Produktion der landwirtschaftlichen Güter notwendigen Wirtschaftsgebäude.

Villa rustica

NOTIZEN

Unterhaltung | ALLTAGSLEBEN

Amphitheater

Theater

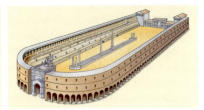
Circus

Amphitheater: Wenn man zwei Theater [▶7] zusammenbaut, entsteht ein Amphitheater, eine Stätte, in der man rundherum sitzend zuschauen kann. In der Mitte eines Amphitheaters befindet sich die *arena*. Auf dieser mit Sand bedeckten Kampffläche traten die Gladiatoren entweder gegen andere Gladiatoren oder gegen wilde Tiere an. Das größte und bekannteste Amphitheater der Antike war das Colosseum in Rom. Es wurde im Jahr 80 n. Chr. von Kaiser Titus eingeweiht und dient bis heute beim Bau modernen Sportstätten als Vorbild. Aufgrund der großen Beliebtheit der Gladiatorenkämpfe beim Publikum wurden in allen größeren Städten des Imperium Romanum Amphitheater gebaut.

Circus: Der Zirkus diente in der Antike vor allem der Durchführung von Wagenrennen, bei denen Wagenlenker zumeist Viergespanne mehrere Runden um eine in der Mitte des Zirkus verlaufende Begrenzung herum lenkten. An einem Wettkampftag wurden wie auf einer heutigen Trabrennbahn mehrere Rennen hintereinander ausgefahren. Der größte und bekannteste Zirkus der Antike war der Circus Maximus in Rom, neben dem es aber noch weitere Renn-

bahnen gab. Das wohl berühmteste dort ausgetragene Wagenrennen ist ein erfundenes: Denn Ben Hur steuerte dort nur im gleichnamigen Roman von L. Wallace und später dann im gleichnamigen Kinoklassiker seine Pferde zum Sieg. Wie wichtig die Zirkusspiele für die Römer waren, zeigt auch der Ausspruch *»panem et circenses«* des römischen Dichters Juvenal, mit dem er auf die Grundbedürfnisse der Bevölkerung hinwies.

Theater: Die Römer lernten das Theater [▶20] bei der Eroberung des zuvor griechischen Süditaliens kennen. Ab dem 2. Jh. v. Chr. konnten sie sich auch an eigenen, d. h. in lateinischer Sprache abgefassten Theaterstücken erfreuen. Besonders gefielen ihnen die Komödien von Plautus und Terenz, die freilich zuerst nur auf Behelfsbühnen aufgeführt wurden. Erst im Jahr 55 v. Chr. wurde als erstes aus Stein erbautes Theater das Pompejus-Theater in Rom eingeweiht, dem sehr bald das Marcellus-Theater des Augustus [▶30] folgte.

Gottesvorstellung: Die Römer stellten sich zunächst die Götter [▶10] als unpersönliche Naturkräfte vor. Dann übernahmen sie von den Griechen die Vorstellung von Göttern in menschlicher Gestalt. Sie verehrten lange Zeit nicht nur einen einzigen, sondern viele Götter (Polytheismus). Ähnliche Götter eroberter Völker setzten sie den eigenen gleich (*interpretatio Romana*). Unter die Götter konnten nach ihrem Tod auch Menschen, z. B. die Kaiser und deren Ehefrauen, aufgenommen werden (Kaiserkult). Unter dem Einfluss von Kaiser Konstantin dem Großen wurde der christliche Glaube an einen einzigen Gott (Monotheismus) zur römischen Staatsreligion.

Opfer: Typisch für die römische Religiosität waren nicht stille Frömmigkeit und Gebet, sondern Opfer, mit denen man sich je nach Anliegen *an eine ganz bestimmte Gottheit* wandte. Absicht der Opfergabe war es, von der jeweiligen Gottheit nach dem Prinzip *»do, ut des«* eine Gegenleistung dafür zu erhalten. Als Opfergabe dienten Tiere oder Früchte, von denen die Gottheit den Rauch des kleineren Teils, der verbrannt oder ins Meer geworfen wurde, bekam. Den größeren Teil verspeisten die Opfernden beim mit dem Opfer verbundenen Mahl. Zuständig für die Opfer waren im häuslichen Bereich der *pater familias*, im öffentlichen Bereich der jeweils zuständige Beamte in Verbindung mit den für die jeweilige Gottheit zuständigen Priestern [▶8]. Bei der Opferhandlung wurde der Kopf verhüllt (*capite velato*: siehe Abb.).

Priester: Die Pflege der Tempel [▶9] einer bestimmten Gottheit war Aufgabe verschiedener Priesterschaften. Mitglied einer Priesterschaft wurde man nicht durch Weihe, sondern durch Wahl, da ein Priesteramt ein auf Lebenszeit übertragenes Ehrenamt, kein Beruf war. Die Oberaufsicht über alle religiösen Fragen hatte der *pontifex maximus*, dem die Priesterschaften der einzelnen Gottheiten, so auch die zur Ehelosigkeit verpflichteten Priesterinnen der Vesta (*virgines Vestales*) unterstellt waren.

Religion: Die römische Religion lässt sich in zwei große Bereiche unterteilen. Zum einen die Hausreligion, bei der unter Leitung des *pater familias* die für das Haus zuständigen Gottheiten (Laren und Penaten) am Hausaltar (Lararium) verehrt wurden. Zum anderen die Staatsreligion, bei der unter der Leitung des *pontifex maximus* verschiedene Priesterschaften den Willen der Götter erkundeten und erfüllten.

Augustus [▶30] als Pontifex maximus (Marmorstatue, 30/20 v. Chr.).

Tempel: Unter *templum* verstanden die Römer zunächst einen abgegrenzten Raum am Himmel oder auf der Erde zur Beobachtung des Vogelflugs. Später wurde diese Bezeichnung auf die heiligen Räume und Gebäude der Götter übertragen. Typisch für einen römischen Tempel war, dass er über eine Freitreppe betreten wurde, da er auf einem Podium stand. Das bzw. die Götterbilder befanden sich in der *cella* des Tempels (siehe Abb.). Der Altar befand sich nicht im, sondern vor dem Tempel. Der wichtigste Tempel der Römer war der Tempel des Jupiter Optimus Maximus [▸10] auf dem Kapitol [▸16]. Da sich die bayerischen Könige sehr für die Antike begeisterten, veranlassten sie den Bau verschiedener Gebäude im klassischen Stil, unter anderem die Walhalla bei Regensburg oder auch den Königsplatz in München.

Tempelschmuck: Während die frühesten Tempel aus Holz gebaut und mit Tonplastiken verziert waren, errichtete man später Tempel aus Marmor. Besonders die Frontseite wurde durch oft gewaltige Säulen verschiedener Ordnung (siehe Abb.) und figürliche Darstellungen auf dem Gebälk oder im Giebelfeld des Tempels herausgeputzt.

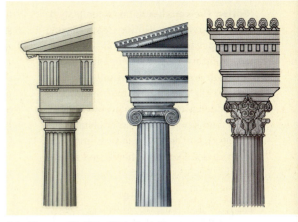

Beispiele unterschiedlicher Säulenkapitelle (von links nach rechts: dorische, ionische, korinthische Ordnung)

Vorzeichen: *»Nomen est omen«* – dieses Sprichwort belegt die Bedeutung der Vorzeichen für die Römer. Für deren Deutung waren Spezialpriesterschaften zuständig, wie z. B. die *augures*, die sich mit der Vogelschau (*auspicium*), d. h. der Deutung des Vogelflugs, oder die *haruspices*, die sich mit der Leberschau, d. h. der Deutung der Leber der Opfertiere, befassten. Eine weitere Möglichkeit, den Götterwillen zu erkunden, war ein Blick in die Sibyllinischen Bücher, die Weissagungen enthielten. Der letzte Ausweg bestand in der Entsendung einer Gesandtschaft nach Delphi, um dort das Orakel zu befragen.

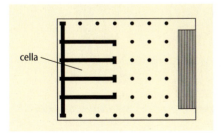

Säulenanordnung des Jupitertempels

Götter: Die von den Römern hauptsächlich verehrten Götter entsprachen weitestgehend den zwölf wichtigsten Göttern der Griechen. Diese lebten nach griechischer Vorstellung mit allen menschlichen Stärken und Schwächen wie Adelige oder Könige in einem Palast auf dem Berg Olymp (daher olympische Götter). Von dort stiegen sie immer wieder zu den Menschen herab und mischten sich in deren Leben ein. So kämpften sie auch im Krieg um Troja [▶13] mit oder zeugten Kinder mit den Menschen, wie z. B. Herkules [▶14] oder Äneas [▶14]. Von den Römern wurden die Götter in Tempeln [▶9] in Form von Götterbildern und Statuen verehrt und durch Opfer [▶8] um Unterstützung gebeten. Die wichtigsten Götter waren (Z = Zuständigkeit; A = Attribute):

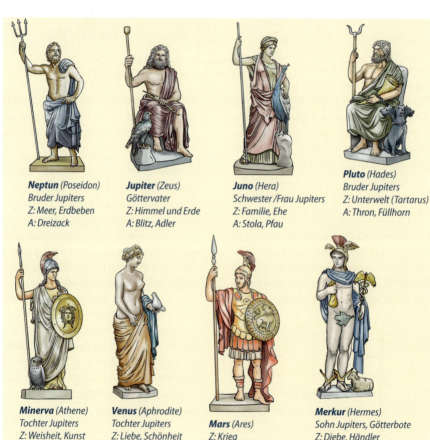

Neptun (Poseidon)
Bruder Jupiters
Z: Meer, Erdbeben
A: Dreizack

Jupiter (Zeus)
Göttervater
Z: Himmel und Erde
A: Blitz, Adler

Juno (Hera)
Schwester/Frau Jupiters
Z: Familie, Ehe
A: Stola, Pfau

Pluto (Hades)
Bruder Jupiters
Z: Unterwelt (Tartarus)
A: Thron, Füllhorn

Minerva (Athene)
Tochter Jupiters
Z: Weisheit, Kunst
A: Helm, Eule

Venus (Aphrodite)
Tochter Jupiters
Z: Liebe, Schönheit
A: Nacktheit, Taube

Mars (Ares)
Z: Krieg
A: Helm, Lanze, Schild

Merkur (Hermes)
Sohn Jupiters, Götterbote
Z: Diebe, Händler
A: Flügelkappe, Heroldsstab

Neben diesen Göttern wurden von den Römern auch für den Staat wichtige Umstände und Eigenschaften wie Frieden (*Pax*), Eintracht (*Concordia*), Glück (*Fortuna*) und Hoffnung (*Spes*) göttlich in Form von Frauengestalten in Tempeln verehrt.

Der Glaube an die römischen Götter musste im Lauf der Zeit dem Glauben an den christlichen Gott weichen. Die lateinischen Namen einiger Götter blieben aber vor allem als Bezeichnungen für die Planeten unseres Sonnensystems – Merkur, Venus, Mars, Jupiter, Saturn, Neptun und Pluto – erhalten.

Vesta
Schwester Jupiters
Z: Familie, Herdfeuer

Diana (Artemis)
Tochter Jupiters
Z: Jagd, Mond
A: Pfeil und Bogen, Mondsichel

Apollo (Apollon)
Sohn Jupiters
Z: Dichtung, Musik, Weissagung
A: Kithara, Lorbeer

Ceres (Demeter)
Schwester Jupiters
A: Getreide, Ährenbündel

Amor (Eros)
Sohn der Venus
Z: Liebe
A: Nacktheit, Flügel, Pfeil und Bogen

Vulkan (Hephaistos)
Sohn Jupiters
Z: Schmiedekunst
A: Hammer, Feuer

Bacchus (Dionysos)
Sohn Jupiters
Z: Wein, Dichtung
A: Trauben, Weinlaub

Saturnus (Kronos)
alter König Italiens
Z: Saaten, Zeit

Achilles: Der kampfstärkste Held der Griechen vor Troja. Weil ihm Agamemnon [▶12] eine Sklavin weggenommen hatte, hielt er sich lange Zeit erzürnt den Kämpfen fern. Erst als sein bester Freund Patroklos im Kampf fiel, nahm er wieder daran teil und tötete den Hektor [▶12]. Bald darauf kam er durch einen Pfeil des Paris [▶13], der ihn an seiner Achillesferse traf, ums Leben.

Agamemnon: König von Mykene und oberster Heerführer der Griechen vor Troja. Er opferte seine Tochter Iphigenie in der Hafenstadt Aulis, um von den Göttern günstigen Wind für die Weiterfahrt der griechischen Flotte nach Troja zu erwirken. Nach dem trojanischen Krieg nahm er sich Kassandra [▶12] als Geliebte und wurde dafür nach seiner Rückkehr von seiner Ehefrau Klytemnestra ermordet.

Helena: Sie war die Ehefrau des Menelaos [▶12] und galt als schönste Frau der Welt. Weil sie von Paris [▶13] geraubt wurde, begannen die Griechen Krieg gegen Troja.

Hektor: Ein Sohn des Priamos [▶13] und kampfstärkster Held der Trojaner. Nachdem er Patroklos, den besten Freund des Achilles [▶12], im Kampf getötet hatte, wurde er selbst von Achilles getötet.

Homer: Griechischer Dichter, der die Überlieferungen über das zehnte Jahr des trojanischen Krieges als erster schriftlich in seinem großen erzählenden Gedicht (Epos) »Ilias« festhielt. Außerdem

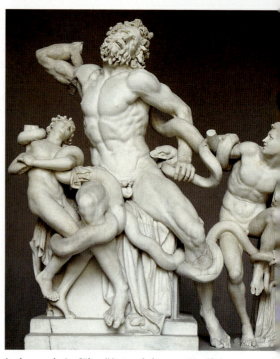

Laokoon und seine Söhne (Marmorskulptur, um 50 v. Chr.)

verfasste er die »Odyssee«, ein Epos über die Irrfahrten des Odysseus [▶12].

Laokoon: Er war ein trojanischer Priester und warnte die Trojaner davor, das Trojanische Pferd in die Stadt zu ziehen. Während er das tat, wurde er zusammen mit seinen Söhnen von zwei Schlangen erwürgt.

Menelaos: König von Sparta und der Ehemann der Helena. Auf seine Bitte hin trommelte sein Bruder Agamemnon [▶12] ein griechisches Heer gegen Troja zusammen.

Odysseus: König von Ithaka und der Listigste der Griechen. Er dachte sich das

Trojanische Pferd [▶13] aus, mit dessen Hilfe die Griechen Troja eroberten. Bei der Rückkehr aus Troja irrte er über die Meere und musste viele Abenteuer bestehen. Unter anderem gelang es ihm, dem Gesang der Sirenen zu lauschen, da er sich am Mast des Schiffes anbinden und seine Gefährten sich die Ohren mit Wachs verstopfen ließ. Aus der Höhle des einäugigen Riesen (Kyklopen) Polyphem konnte er entfliehen, indem er ihn betrunken machte und ihm das Auge ausstach. Da er sich ihm listig als Herr »Niemand« vorgestellt hatte, halfen die anderen Kyklopen dem Polyphem nicht, als er sie zur Hilfe rief, da »Niemand« ihm das Auge ausgestochen habe. Selbst der Zauberin Circe, die seine Gefährten in Schweine verwandelt hatte, widerstand er und erwirkte die Rückverwandlung der Gefährten. Nach zwanzig Jahren kehrte er endlich zu seiner Frau Penelope [▶13] zurück.

Paris: Ein Sohn des Priamos. Als sich die Göttinnen Juno, Minerva und Venus um einen Apfel mit der Aufschrift »Für die Schönste« stritten und Jupiter sich um eine Entscheidung drückte, musste Paris diesen Wettstreit um den Titel der schönsten Göttin entscheiden. Das Urteil des Paris fiel auf Venus. Dafür bekam er von ihr Helena [▶12] zum Geschenk. Weil er dieses Geschenk aus Sparta »abholte«, begannen die Griechen Krieg gegen Troja.

Penelope: Sie war die Ehefrau des Odysseus und wartete zwanzig Jahre auf dessen Rückkehr. Obwohl während dieser Zeit andere Adlige um ihre Hand anhielten, blieb sie Odysseus [▶12] treu.

Priamos: König von Troja.

Heinrich Schliemann (1822–1890): Ein deutscher Archäologe, der von den Epen Homers [▶12] begeistert war und glaubte, dass es sich bei ihnen nicht nur um Erfindungen handelte. Von dieser Überzeugung angetrieben entdeckte er zu Beginn des 20. Jh. die Ruinen von Troja [▶13] und den sogenannten »Schatz des Priamos« [▶13].

Rezeption: Das bekannteste Kunstwerk aus dem trojanischen Sagenkreis dürfte der Laokoon [▶12] sein (siehe Abb.), der noch heute in den Vatikanischen Museen in Rom die Besucher fasziniert. Weniger bekannt, aber ebenso wirksam beeinflussten die Epen Homers aber die deutsche Sprache, in der sie Wörter wie Achillesferse, Danaergeschenk, Parisurteil, Trojaner, Zankapfel oder auch bezirzen hinterließen.

Troja: Eine reiche Hafenstadt in der heutigen Türkei. Sie wurde nach der sagenhaften Überlieferung nach zehnjähriger Belagerung von den Griechen erobert und zerstört. Zu Beginn des 20. Jh. wurde Troja von Heinrich Schliemann [▶13] wieder entdeckt.

Trojanisches Pferd: Es wurde von Odysseus [▶12] erfunden und als Geschenk für die Göttin Athene trotz der Warnung des Priesters Laokoon [▶12] in die Stadt Troja gezogen. In der Nacht entstiegen dem hohlen Bauch des Pferdes die Helden der Griechen, die von Homer als Danaer bezeichnet wurden, und zerstörten Troja.

Eurystheus: Er war im Mythos König von Mykene und befahl dem Herkules [▶14], der ihm als Sklave diente, die Ausführung der Zwölf Arbeiten [▶14].

Herkules (griech.: Herakles): Der größte Held der griechischen Sagenwelt. Als Sohn des Gottes Jupiter [▶10] und der Sterblichen Alkmene war Herkules ein Halbgott. Schon als Baby erwürgte er zwei Schlangen, die Juno [▶10] aus Zorn über den Seitensprung ihres Ehemanns Jupiter gegen ihn gesandt hatte. Herkules galt als Inbegriff männlicher Tapferkeit und Tugend, da er sich als Jugendlicher gegen die Verlockungen der Lust und für die Entbehrungen der Tugend entschieden hatte. Deshalb verrichtete er später als Sklave am Hof des Königs Eurystheus [▶14] für diesen erfolgreich Zwölf Arbeiten [▶14]. Den Tod fand er auf tragische Weise durch eine List des Kentauren Nessus [▶14]. Nach dem Tod wurde Herkules unter die Götter aufgenommen und bekam die Göttin Hebe zur Frau.

Der sog. Farnesische Herkules (Marmorskulptur, 3. Jh. v. Chr.)

Nessus: Ein Kentaur, das heißt ein Mischwesen aus Pferd und Mensch. Als Herkules mit seiner Frau Deianira einen Fluss überqueren wollte, versuchte Nessus Deianira Gewalt anzutun. Deshalb tötete ihn Herkules. Im Sterben überredete er Deianira dazu, sein Blut aufzufangen und damit ein Gewand des Herkules zu tränken, da sie sich so seine Liebe für immer erhalten könne. In Wirklichkeit aber enthielt das Blut des Nessus ein Gift, das Herkules verbrannte, als er später das Gewand anzog.

Rezeption: Herkules ist in der Kunst erkennbar an seiner muskulösen Gestalt, an seiner Keule und am Löwenfell. Eine schwierige Aufgabe bezeichnet man bis heute nach ihm als Herkulesarbeit. Herkules diente wegen seiner Leistungen vielen Fürsten und Königen als Vorbild. Deshalb ließen sie sich entweder selbst – wie z. B. die römischen Kaiser – als Herkules darstellen oder schmückten ihre Paläste, wie z. B. in Kassel-Wilhelmshöhe, mit Herkulesstatuen und -gemälden. Eines der beliebtesten Motive war der junge Herkules am »Scheideweg« zwischen Tugend und Lust.

Zwölf Arbeiten: Zu den berühmtesten der zwölf von König Eurystheus [▶14] befohlenen Arbeiten zählen die Tötung eines Löwen in der Nähe der griechischen Stadt Nemea, die Tötung der Hydra, einer gefährlichen Wasserschlange, in der Nähe des griechischen Flusses Lerna, die Reinigung der Ställe des Königs Augias, die vom Mist seiner riesigen Rinderherden überquollen, das Pflücken der vom Riesen Atlas in der Nähe von Gibraltar bewachten Goldenen Äpfel der Hesperiden und das Heraufholen des Höllenhundes Zerberus aus dem Tartarus [▶23].

Äneas: Sohn des Anchises und der Venus [▶10]. Er verlor zwar beim Untergang Trojas seine Frau Kreusa, konnte aber seinen Vater Anchises und seinen Sohn Askanius [▶15] retten. Auf seiner Flucht verliebte er sich in Karthago in Dido, die er aber auf Befehl Jupiters verließ, um nach Italien weiterzufahren. Dort gründete er nach dem Sieg über Turnus die Stadt Lavinium. Deshalb gilt er als Ahnherr der Römer.

Askanius: Er war der Sohn des Äneas [▶15] und wurde auch Julus genannt. Von ihm leitete später die Familie von Julius Cäsar [▶28], die Julier, ihre göttliche Herkunft ab, da die Großmutter des Julus die Göttin Venus [▶10] war.

Brutus: Ein römischer Adliger, der um ca. 500 v. Chr. lebte. Er deutete den Spruch des Orakels von Delphi, dass der in Rom regieren werde, der als erster seine Mutter, d. h. die Erde, küssen werde, richtig. Nachdem ein Sohn des Tarquinius Superbus [▶15] die Lukretia, die Frau eines Freundes von Brutus, vergewaltigt hatte, vertrieb er die Tarquinier aus Rom. Danach hatte er als erster Konsul [▶25] großen Anteil an der Gründung der Republik [▶26].

Rezeption: Vor allem Kaiser Augustus [▶34] bezog Äneas und Romulus in seine Propaganda ein. Die wirkungsvollste Rezeption des Gründungsmythos ist die römische Wölfin, die noch heute die Stadt Rom symbolisiert.

Romulus und Remus: Sie waren die Söhne der Vestapriesterin Rea Silvia und

Die Kapitolinische Wölfin (Bronzeskulptur, vermutlich 5. Jh. v. Chr. Die Zwillinge wurden sicher erst im 15. Jh. hinzugefügt.)

des Gottes Mars [▶10] und wurden von Amulius, dem bösen König von Alba Longa, ausgesetzt. Beide wurden von einer Wölfin gefunden und gesäugt, dann vom Hirten Faustulus gerettet und in dessen Haus erzogen. Später vertrieben sie Amulius vom Thron und gaben diesen ihrem Großvater Numitor zurück. Als sie eine neue Stadt gründen wollten, stellten sie eine Vogelschau (*auspicium*) an, deren Ergebnis Romulus zu seinen Gunsten deutete. Deshalb benannte er die neue Stadt nach seinem Namen Rom und wurde ihr erster König. Als sich Remus darüber lustig machte und über die noch niedrigen Mauern sprang, wurde er im Kampf getötet. Weil der neuen Stadt aber die Frauen fehlten, ließ Romulus dem Nachbarvolk der Sabiner die Töchter rauben (Raub der Sabinerinnen).

Tarquinius Superbus: Er war der siebte und letzte König Roms und wurde aufgrund seines Hochmuts von Brutus [▶15] aus der Stadt vertrieben.

Aventin: Einer der sieben Hügel Roms. Auf ihm holte der Sage nach Remus [▶15] die Vogelschau ein. Später zogen sich während der Ständekämpfe [▶26] die Plebejer [▶24] dorthin zurück.

Kaiserforen: Anders als das Forum Romanum waren die Kaiserforen durch Umfassungsmauern abgegrenzte Bezirke, die vor allem der Selbstdarstellung bestimmter Kaiser dienten. Denn in der Mitte des jeweiligen Forumsplatzes stand in der Regel eine Statue bzw. Reiterstatue des Kaisers, der dem jeweiligen Forum (siehe Abbildung) seinen Namen gab. Das erste dieser Foren – mit einem Tempel für Venus [▶10] – erbaute Julius Cäsar [▶28]. Das bedeutendste – mit einem Tempel für Mars [▶10] – erbaute Kaiser Augustus [▶34]. Das größte – mit der bis heute erhaltenen Trajanssäule [▶33] – erbaute Kaiser Trajan [▶30].

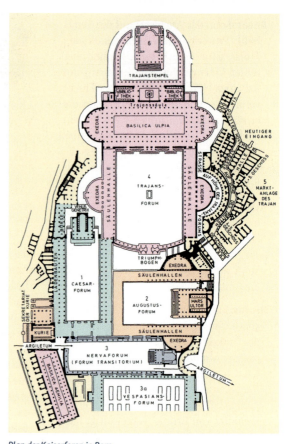

Plan der Kaiserforen in Rom

Kapitol: Der wichtigste der sieben Hügel Roms. Auf ihm stand der Tempel [▶9] des Jupiter [▶10] Optimus Maximus, der das Ziel der über die Via sacra [▶17] geführten Triumphzüge [▶30] war.

Marsfeld: Es wurde zunächst als militärischer Übungsplatz bzw. Sportplatz benutzt. Ab dem 1. Jh. v. Chr. wurde es immer mehr zum Vergnügungsviertel Roms ausgebaut, in dem sich Theater [▶7] und Bäder [▶21] befanden.

Palatin: Einer der sieben Hügel Roms. Auf ihm holte der Sage nach Romulus [▶15] die Vogelschau ein. Später errichteten dort – angefangen mit Augustus [▶34] – die ersten Kaiser ihre Häuser. Besonders das von Kaiser Domitian erbaute Haus wurde zum Vorbild für viele spätere Paläste (lat.: *palatium*, abgeleitet von Palatin).

Vatikan: Er war keiner der sieben ursprünglichen Hügel Roms, da er außer-

NOTIZEN

halb der Stadt jenseits des Tibers lag. Er wurde mit der Erbauung des Petersdoms anstelle der baufällig gewordenen Petersbasilika ab dem 16. Jh. zum Sitz des Papstes.

Basiliken: Sie dienten als Markt- und Gerichtsgebäude, in denen viele Verwaltungsbüros und Amtsstuben, aber auch Bankiers ihren Sitz hatten. Zum Teil fand in Seitennischen auch Schulunterricht satt. Die Längsseiten des Forum Romanum wurden gesäumt von der Basilica Iulia (2) und der Basilica Aemilia (3).

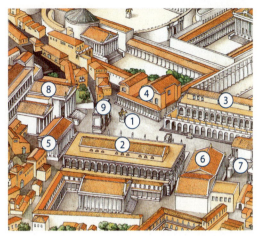

Das Forum Romanum

Curia: Versammlungsort des Senats (4).

Forum Romanum: Nachdem die einst sumpfige Talsenke durch die *Cloaca maxima* [▶21] trockengelegt worden war, wurde das Forum Romanum zum für jedermann offen zugänglichen politischen, religiösen und geschäftlichen Mittelpunkt Roms. Ebenso wie Rom wurde es freilich nicht an einem einzigen Tag erbaut, sondern bekam in vielen Jahrhunderten erst nach und nach seine Gestalt. Manches Bauwerk, dessen Ruinen wir heute dort sehen können, hat also manch »alter« Römer nie gesehen. Neben dem Forum Romanum gab es noch weitere »Spezial-Markt-Plätze«, z. B. das Forum Boarium, den Rinder- bzw. Viehmarkt.

Rostra: Die nach den an ihrer Vorderseite angebrachten Schiffsschnäbeln (*rostra*) benannte Rednerbühne, auf der die Politiker ihre Reden an das Volk hielten.

Tempel [▶9]: Sie dienten der Verehrung der Götter. Die ältesten Tempel auf dem Forum waren der Tempel des Saturn (5) und der Tempel der Dioskuren (6), in deren Podium der Staatsschatz bzw. ein Teil des kaiserlichen Staatsschatzes aufbewahrt wurde. Weitere wichtige Tempel waren der Vestatempel (7), in dem die Vestalinnen das heilige Feuer hüteten, und der Tempel der Concordia (8), dessen *cella* Kaiser Tiberius zu einer Art Kunstmuseum machte.

Triumphbögen: Sie dienten ebenso wie die in der Mitte des Forums aufgestellten Ehrenstatuen der Verherrlichung militärischer Leistungen. Der heute so machtvoll das Forum prägende Bogen des Septimius Severus (9) wurde freilich erst 203 n. Chr. errichtet.

Via sacra: Die bedeutendste Straße auf dem Forum Romanum (1). Auf ihr wurde der Triumphzug [▶30] vom Circus Maximus zum Kapitol [▶16] geführt.

Ägypten: Es wurde 31 v. Chr. nach dem Sieg von Kaiser Augustus [▶34] über Kleopatra VII. eine Provinz [▶30] des *Imperium Romanum* [▶30]. Die bedeutendste Stadt in Ägypten war Alexandria. Ägypten war für die Römer vor allem wegen des dort angebauten Getreides wichtig.

Asien: Unter *Asia* verstanden die Römer nicht so sehr den Erdteil Asien als vielmehr eine Provinz [▶30] in der heutigen Türkei. Diese Provinz wurde 133 v. Chr. nach der Schenkung des Königreichs von Pergamon an die Römer eingerichtet. Zu ihr gehörten neben Pergamon – der sogenannte Pergamonaltar ist heute eine der Hauptattraktionen auf der Museumsinsel in Berlin – auch die reichen Hafenstädte Ephesus und Milet und die Insel Rhodos. Auch Troja [▶13] lag in der Provinz *Asia*.

Etrurien: Diese Landschaft in Italien war die Heimat der Etrusker, die vor den Römern die Herrschaft in Nord- und Mittelitalien ausübten. Mit dem Aufstieg Roms wurde die etruskische Kultur nahezu völlig ausgelöscht. Nur der Name des Volks (*Tusci*) lebt bis heute in der Bezeichnung der italienischen Landschaft Toskana fort.

Gallien: Das ursprünglich von Kelten bewohnte Gebiet war in der Antike in zwei Teile geteilt: in das jenseits des Flusses Po und aus römischer Sicht diesseits der Alpen gelegene Gallien (*Gallia cisalpina*) und in das jenseits der Alpen gelegene Gallien (*Gallia transalpina*). Der in Norditalien liegende Teil war zusammen mit der in Südfrankreich gelegenen Provincia (Provence) seit 121 v. Chr. römische Provinz [▶30]. Der jenseits der Alpen liegende Teil, also das heutige Frankreich, wurde von 58–51 v. Chr. von Julius Cäsar [▶28] erobert.

Griechenland: Es wurde von den Römern im 2. Jh. v. Chr. erobert, blieb aber die kulturelle Lehrmeisterin der Römer. Deshalb ließ jeder Römer, der etwas auf sich hielt, seine Kinder in Griechenland studieren. Denn Athen war die geistige Hauptstadt der Mittelmeerwelt, auch wenn Griechenland den politischen Vorrang an die Römer abgeben musste.

Kampanien: Diese Landschaft in Italien gehörte ursprünglich ebenso wie Sizilien [▶19] zu Großgriechenland und wurde in den punischen Kriegen [▶25] erobert. Kampanien war und ist sehr fruchtbar. In ihr liegen der Vesuv, Pompeji und die nach Herkules [▶14] benannte Stadt Herkulaneum.

Karthago: Die Heimat Hannibals [▶27] und große Gegnerin Roms in den punischen Kriegen [▶25]. Der historische Grund für diese Kriege war der Kampf um die wirtschaftliche Vorherrschaft im westlichen Mittelmeerbereich. Der mythische Grund für die Feindschaft zwischen Rom und Karthago wurde aber darin gesehen, dass der Sage nach Äneas [▶15] einst Dido, die Gründerin Karthagos, verlassen hatte.

Kreta: Nach Kreta soll einst Jupiter [▶10] die Europa [▶22] entführt haben. Deren Sohn Minos soll dort in einem riesigen Palast, dem Labyrinth, geherrscht ha-

NOTIZEN

ben. Darin soll auch der Minotaurus versteckt gewesen sein, den Theseus [▶22] besiegt haben soll.

Latium: In dieser Landschaft in Italien liegt Rom. Sie ist ebenso wie die Sprache der Römer, das Lateinische, nach dem König Latinus benannt, dessen Tochter Lavinia der Sage nach Äneas [▶15] nach seiner Ankunft in Italien heiratete. Noch heute trägt einer der zwei großen Fußballklubs Roms – Lazio Rom – den Namen der Landschaft.

Das Imperium Romanum zur Zeit seiner größten Ausdehnung im 2. Jh. n. Chr.

Makedonien: Diese Landschaft im Norden Griechenlands war die Heimat Alexanders des Großen [▶32], der von dort aus seinen nahezu unaufhaltsamen Siegeszug bis nach Indien startete. Nach dem Sieg gegen König Perseus von Makedonien wurde es 168 v. Chr. eine römische Provinz [▶30].

Reisewege: Wer all die hier genannten Provinzen und Landschaften bereisen wollte, musste zu Wasser auf Handelsschiffen mitfahren – aber: Achtung vor Piraten! Zu Land konnte man ein ausgeprägtes Straßennetz mit in regelmäßigen Abständen vorfindbaren Unterkünften benutzen. Die bedeutendsten dieser Römerstraßen waren die *via Appia* von Rom nach Brundisium (Brindisi) und die *via Flaminia* von Rom nach Ariminum (Rimini). Die Bedeutung dieser und aller anderen Römerstraßen lebt bis heute im Sprichwort »Alle Wege führen nach Rom« fort.

Sizilien: Diese Insel gehörte ursprünglich ebenso wie Kampanien [▶18] zu Großgriechenland und wurde in den punischen Kriegen [▶25] erobert. Noch heute kann man dort hervorragend erhaltene griechische Tempel [▶9] bestaunen. Der in der Ballade »Die Bürgschaft« von Friedrich Schiller genannte Dionys war einst der Tyrann von Syrakus.

Spanien: Die Provinz Hispania widersetzte sich den Römern hartnäckig und wurde vollständig erst nach einem 200 Jahre dauernden Kampf 19 v. Chr. unterworfen.

Athen: Nicht nur Geburtsort der Demokratie, sondern auch des Theaters. Zu Ehren des Gottes Dionysios / Bacchus [▶11] wurden alljährlich Theaterwettkämpfe durchgeführt.

Drama: Unter Drama (deutsch: Handlung), einer griechischen Erfindung, versteht man ein Theaterstück in drei bis fünf Akten. Das griechische Drama unterteilt sich in die Tragödie [▶20] und die Komödie [▶20]. Bei den Römern kommen zu diesen Gattungen später der Mimus [▶20] und der Pantomimus [▶20] hinzu.

Komödie: Ein Lustspiel, das stets ein Happy-End hat. Die bedeutendsten griechischen Komödiendichter waren Aristophanes und Menander. Die Römer erfreuten sich vor allem an den Komödien des Plautus und Terenz.

Mimus: Ein Lustspiel, in dem komische Szenen meist derb und anstößig dargestellt wurden. Er wurde unter Begleitung von Flötenspiel getanzt, wobei die Schauspieler und auch Schauspielerinnen ohne Masken auftraten.

Pantomimus: Ein Tanztheater. Da der Tänzer eine Maske trug, kam es v. a. auf dessen Gestik und Körperhaltung an. Der Text wurde von einem Chor vorgetragen bzw. gesungen, wobei es aber weniger auf den Inhalt als auf die Melodie der Lie-

Römische Theatermasken (Mosaik, 2. Jh. n. Chr.)

der ankam. Der Pantomimus verdrängte in Rom die Tragödie. Die Tänzer waren wie die Gladiatoren [▶7] gefeierte Stars.

Rezeption: Die antiken Tragödien werden bis heute an allen großen Bühnen immer wieder neu inszeniert. Sie fanden ihre bedeutendste Fortsetzung in den Dramen Goethes und Schillers. Die antike Komödie lebt fort im Kino, aber auch im Volkstheater. Der Mimus hat das TV erobert, während der Pantomimus im Ballett weiterlebt.

Schauspieler: Sie waren Sklaven und – außer beim Mimus – stets männlich. Auf der Bühne trugen sie Masken, sodass auch Frauen von Männern gespielt werden konnten.

Szene: Darunter verstand man die Bühnenwand (*scaena*) des Theaters [▶7], vor der die Schauspieler auf einer gegenüber der Orchestra erhöhten Bühne agierten.

Tragödie: Ein Trauerspiel, das stets ein katastrophales Ende hat. Die bedeutendsten griechischen Tragödiendichter waren Aischylos, Euripides und Sophokles. Die Stoffe der Tragödie entstammten den großen Sagenkreisen um z. B. die Argonauten [▶22], Herkules [▶14], Ödipus [▶22] und Troja [▶13].

Aquädukt: Darunter versteht man eine Wasserleitung. Rom wurde nicht nur von einer, sondern von zeitweise bis zu 19 Aquädukten mit sauberem Wasser versorgt. Dieses wurde, als der Tiber – auch aus hygienischen Gründen – nicht mehr ausreichte, aus den Bergen in der Umgebung Roms weitestgehend unterirdisch, in der Nähe der Stadt aber auf imposanten Bogenreihen in die am höchsten gelegenen Gebiete der Stadt transportiert. Von dort wurde es auf die öffentlichen Brunnen, die Thermen [▸21] und zum Teil auch Privathäuser verteilt.

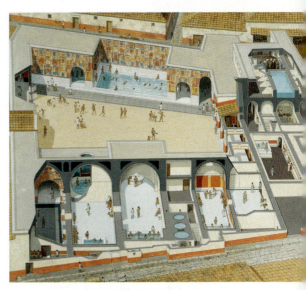

Rekonstruktion der Stabianer Thermen in Pompeji

Cloaca Maxima: Ein vom Forum Romanum [▸17] zwischen Kapitol [▸16] und Palatin [▸16] zum Tiber führender unterirdischer Kanal, der zum Teil noch bis heute zur Kanalisation benutzt wird.

Latrine: Darunter versteht man eine öffentliche Toilette. Da nur die Häuser der Reichen Toiletten hatten, war es aus hygienischen Gründen nötig, Latrinen einzurichten. Dort saßen die Römer und Römerinnen nebeneinander auf Toilettenplätzen, unter denen Wasser durchgeleitet wurde, das die Ausscheidungen in den Tiber spülte.

Thermen: Sie waren weit mehr als nur zum Baden da. Denn innerhalb ihrer Mauern befanden sich auch ein Sportplatz oder eine Bibliothek. Damit sind die Thermen letztlich die Vorbilder moderner Erlebnis- oder Wellnessbäder, in denen das Schwimmen ebenfalls nur eine untergeordnete Rolle spielt. Deswegen hatten die Thermen zwar auch ein Schwimmbecken (*piscina*), die wichtigen Räume aber waren das Schwitzbad (*sudatorium*), das Warmbad (*caldarium*), das lauwarme Bad (*tepidarium*) und das Kaltbad (*frigidarium*), die im Idealfall auch in dieser Reihenfolge durchlaufen wurden. In der Mitte der Thermen befand sich die Heizanlage, von der aus die warmen Räume der Frauen- und Männerabteilung – gemeinsames Badevergnügen war nicht erwünscht – zentral über eine Fußbodenheizung (*Hypokausten*) beheizt wurden. Eine der gewaltigsten Thermenanlage in Rom waren die Thermen des Kaisers Caracalla, deren beeindruckende Überreste noch heute zu besichtigen sind.

Antigone: Eine Tochter des Ödipus [▸22]. Als sie sich nach dem Tod ihres Vaters für die Bestattung ihres Bruders Polyneikes eingesetzt hatte, obwohl dieser seine Heimat Theben angegriffen hatte, wurde sie selbst mit dem Tod bestraft.

Argonauten: Sie holten unter Führung des Jason das *Goldene Vlies* aus Kolchis. Das gelang ihnen nur, weil sich die Königstochter und Zauberin Medea in Jason verliebte und diesem half, den Drachen, der das goldene Vlies bewachte, zu besiegen.

Dädalus und Ikarus: Dädalus erbaute für König Minos von Kreta das Labyrinth für den Minotaurus. Weil Minos ihn nicht in seine Heimat Athen zurückkehren lassen wollte, erfand er Flügel und floh mit seinem Sohn Ikarus von der Insel. Als Ikarus zu nah an die Sonne heranflog, stürzte er ab und ertrank im Meer.

Deukalion und Pyrrha: Sie erschufen nach der großen Flut die Menschen ein zweites Mal, indem sie »die Knochen ihrer großen Mutter«, also Steine, über ihre Schultern warfen. Die Steine Pyrrhas wurden zu Frauen, die Steine Deukalions zu Männern.

Europa: Tochter des Königs Agenor von Tyrus und Schwester des Königs Kadmos von Theben. Als Jupiter sie sah, verwandelte er sich in einen prächtigen Stier und entführte die am Strand mit ihren Freundinnen spielende Europa nach Kreta. Nach Europa wurde später der Erdteil Europa benannt.

Ödipus: Er war König von Theben und löste das Rätsel der Sphinx (Welches Lebewesen geht am Morgen auf vier, am Mittag auf zwei, und am Abend auf drei Beinen? – Der Mensch). Er tötete ohne sein Wissen seinen Vater Lajos und heiratete danach seine Mutter Jokaste. Als er dies später erkannte, blendete er sich und verließ mit seiner Tochter Antigone [▸22] die Stadt. Da Ödipus das Musterbeispiel menschlicher Tragik war, war er einer der beliebtesten Stoffe der Tragödie [▸20].

Orpheus: Ein hervorragender Sänger, dem selbst die Tiere zuhörten. Als seine Frau Eurydike kurz nach der Hochzeit an einem Schlangenbiss verstarb, stieg er in den Tartarus [▸23] hinab, um sie zurückzuholen. Da er sich auf dem Rückweg aus Sorge nach ihr umblickte, scheiterte sein Unternehmen.

Prometheus: Er erschuf die Menschen und holte ihnen das Feuer vom Himmel. Dafür wurde er zur Strafe von Jupiter an den Kaukasus geschmiedet und von einem Geier zerfleischt, bis ihn schließlich Herkules [▸14] befreite.

Theseus: Er tötete den Minotaurus. Das schaffte er, da sich Ariadne, die Tochter von König Minos, in ihn verliebte und ihm den »Ariadnefaden« mitgab, mit dem er den Rückweg aus dem Labyrinth fand. Theseus dankte ihr diese Tat aber schlecht, da er sie auf der Insel Naxos sitzen ließ. Als er wieder in Athen ankam, vergaß er, weiße Segel zu setzen. Deshalb stürzte sich sein Vater Ägeus ins Meer, das seitdem Ägäis heißt.

Charon bringt mit seinem Boot Seelen über den Styx (Marmorrelief, 3. Jh. n. Chr.)

Elysium: Der Ort, an dem sich in der Unterwelt die guten Menschen aufhalten. Nach ihm wurde eine wichtige Straße in Paris, die Champs-Elysées, benannt.

Hades: Er ist nicht nur der Gott der Unterwelt, sondern ist auch eine Bezeichnung für die Unterwelt. Seine Ehefrau ist Persephone (lat.: Proserpina), die Tochter der Demeter/Ceres [▶11].

Pluto: Pluto [▶10] ist der lateinische Name für Hades [▶23], den Gott der Unterwelt.

Sisyphus: Sisyphus überlistete zu Lebzeiten die Götter. Dafür musste er nach seinem Tod mit der sprichwörtlich gewordenen »Sisyphusarbeit« büßen: Er war dazu verdammt, einen immer wieder zurückrollenden Stein auf einen Berg zu wälzen.

Charon: Er brachte als Fährmann die Schatten der Toten über den Styx [▶23] in den Hades [▶23], wenn man ihnen als Fahrpreis einen Obolus (die kleinste griech. Münze) auf die Zunge gelegt hatte. Daher stammt das Sprichwort »seinen Obolus entrichten«, das soviel bedeutet wie eine kleine Spende leisten.

Danaiden: Töchter des Königs Danaos. Die 49 Schwestern brachten in der Hochzeitsnacht ihre Ehemänner um. Dafür büßten sie im Tartarus [▶23], indem sie dort Wasser in das sprichwörtlich gewordene »Fass ohne Boden« schöpfen mussten.

Styx: Der Fluss, über den Charon [▶23] die Toten in die Unterwelt brachte.

Tantalus: Er tötete seinen Sohn Pelops und setzte ihn den Göttern als Speise vor. Dafür musste er nach seinem Tod die sprichwörtlich gewordenen »Tantalusqualen« leiden: Wenn er nämlich nach den über seinem Kopf baumelnden Früchten griff, wichen sie ebenso zurück wie das Wasser, in dem er bis zum Kinn stand, wenn er davon trinken wollte.

Tartarus: Eine Bezeichnung für die Unterwelt.

Zerberus: Der Höllenhund, der den Zugang zur Unterwelt bewacht.

Bürger: Das römische Bürgerrecht (*civitas*) besaß jeder frei geborene Römer. Es beinhaltete Rechte und Pflichten. Zu den politischen, nur den Männern vorbehaltenen Rechten gehörten das Stimmrecht in der Volksversammlung (aktives Wahlrecht), das Recht, in ein Amt gewählt zu werden (passives Wahlrecht), und das Recht auf eine Berufung vor der Volksversammlung [▶24]. Zu den zivilen Rechten, die auch die Frauen besaßen, zählten das Recht auf Eigentum, das Recht auf Heirat und das Recht auf Klageerhebung vor Gericht. Unter die Bürgerpflichten fielen die Wehrpflicht und die Verpflichtung, sein Einkommen durch den Staat feststellen zu lassen (Zensus).

Patrizier: Die Patrizier (*patricii*) waren die Oberhäupter (*patres*) und Söhne der Familien, die an der Gründung Roms unter Romulus [▶15] beteiligt waren. In Anlehnung an die römischen Patrizier nannten sich im Mittelalter die Ratsherren einer Stadt ebenfalls Patrizier.

Plebejer: Zu den Plebejern (*plebeii*) gehörten alle freien Bürger aus dem Volk (*plebs*), die keine Patrizier [▶24] waren. Die Plebejer waren vor allem Handwerker und Kleinbauern. Nicht zur Plebs gehörten die Sklaven [▶6]. Im Lauf der Zeit errangen die Plebejer in den Ständekämpfen [▶26] eine nahezu völlige politische Gleichberechtigung mit den Patriziern.

Ritter: Die römischen Ritter (*equites*) waren keine Senatoren [▶24], aber auch keine einfachen Bürger. Ursprünglich gehörten zu ihnen all diejenigen, die so reich waren, ein Pferd (*equus*) zu besitzen und damit als Reiter (*eques*) im Heer zu dienen. Später gehörten all diejenigen freien Römer, die ein Mindestvermögen von 400 000 Sesterzen hatten, aber keine politische Karriere machen wollten, zum Ritterstand (*ordo equester*). Zumeist waren sie im Handel oder auch als Bankiers tätig.

Senat: Der Senat war das maßgebliche politische Gremium in der römischen Republik [▶26]. Denn von der Volksversammlung [▶24] konnte kein Gesetz verabschiedet werden, wenn nicht zuvor der Senat dem Gesetzesvorschlag zugestimmt hatte.

Senatoren: Die Senatoren waren die Angehörigen des Senats [▶24]. Zum Senator wurde man durch die Bekleidung eines der Ämter der Ämterlaufbahn [▶25] und blieb es bis zum Tod bzw. bis man vom Zensor [▶25] daraus ausgeschlossen wurde. Der Grund dafür konnten moralische Verfehlungen sein, aber auch das Unterschreiten des Mindestvermögens für einen Senator (1 000 000 Sesterzen).

Volksversammlung: Die wichtigste Volksversammlung (*comitia centuriata*) war wie das Heer nach Vermögensklassen eingeteilt. In ihr stimmte unter Leitung der Konsuln [▶25] die männliche Bevölkerung über vom Senat [▶24] vorgelegte Gesetzesvorschläge bzw. Krieg und Frieden ab. Außerdem diente sie als Berufungsinstanz bei Strafurteilen gegen römische Bürger.

NOTIZEN

Ädil: Die vier Ädile waren für die »Innenpolitik« Roms zuständig: Polizei, Straßen, Märkte, Getreideversorgung, Spiele.

Ämterlaufbahn: Zur Ämterlaufbahn (*cursus honorum*) gehörten in der folgenden Reihenfolge: Quästor [▶25], Ädil [▶25], Prätor [▶25] und Konsul [▶25]. Aus Gründen der Machtbegrenzung wurde jedes dieser vier Ämter zusammen mit mindestens einem Kollegen nur einmal bekleidet und war auf ein Jahr beschränkt.

Diktator: In Notzeiten (z. B. beim Tod beider Konsuln im Krieg) wurde für sechs Monate vom Senat [▶24] ein Diktator mit unumschränkter Macht ernannt.

Konsul: Die zwei Konsuln führten im Frieden im monatlichen Wechsel die Regierungsgeschäfte (z. B. leiteten sie die Wahlen und Volksversammlungen [▶24]) in Rom. Im Krieg befehligten sie das Heer. Nach ihnen wurden auch die Jahre benannt.

Liktor: Die Liktoren waren für den Personenschutz der Konsuln und Prätoren zuständig.

Prätor: Die Prätoren waren für die Rechtsprechung in Rom zuständig und leiteten verschiedene Gerichtshöfe.

Quästor: Die Quästoren waren für die Finanzen Roms zuständig und kontrollierten die Ausgaben und Einnahmen des Staats bzw. einzelner Beamter.

Volkstribun: Das Amt entstand infolge der Ständekämpfe [▶26]. Volkstribunen waren Vertreter des Volkes und waren als solche unantastbar (sakrosankt). Zudem hatten sie ein Vetorecht gegen Senatsbeschlüsse. Sie beriefen die Versammlungen der Plebs ein und leiteten sie.

Zensor: Er bekleidete das vornehmste Amt in Rom und überwachte das politische Geschehen. Er war u. a. zuständig für die Vermögensschätzung der Bevölkerung, für die Ausstoßung unwürdiger Senatoren bzw. Ritter aus Senat [▶24] bzw. Ritterstand [▶24] und für die Überwachung der Vergabe öffentlicher Bauaufträge.

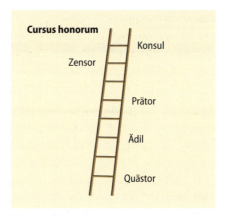

Der cursus honorum

Zensus. Marmorrelief vom Sarkophag des Domitius Ahenobarbus (um 100 n. Chr.)

| 26 | L1 6 L2 7 | **GESCHICHTE** │ Überblick |

| 753 v. Chr | 500 | 250 | 0 |

| Königszeit | Römische Republik | Kaise |
| | Ständekämpfe (470–287 v. Chr.) | Bürgerkrieg (133–30 v. Chr.) |

Antike: Die Zeitspanne von ca. 1100 v. Chr. bis 600 n. Chr. In dieser Epoche wurden von den Griechen und Römern die Grundlagen der abendländischen Kultur gelegt.

Kaiserzeit: Die Zeitspanne der römischen Geschichte, die sich vom Sieg des Oktavian [▸29] über Kleopatra und Marc Anton im Jahr 31 v. Chr. bis zur Absetzung des letzten weströmischen Kaisers Romulus Augustulus durch den germanischen Heerführer Odoaker im Jahr 476 n. Chr. erstreckt.

Königszeit: Die Zeitspanne der römischen Geschichte, die sich von der Gründung Roms (der Sage nach 753 v. Chr.) durch den ersten König Romulus [▸15] bis zur Vertreibung des siebten und letzten Königs Tarquinius Superbus [▸15] erstreckt.

Republik: Die Zeitspanne der römischen Geschichte, die sich von der Vertreibung des letzten Königs Tarquinius Superbus [▸15] bis zum Sieg des Oktavian [▸29] über Kleopatra und Marc Anton im Jahr 31 v. Chr. erstreckt. In der Zeit der Republik wurde Rom vom Senat [▸24] und den Konsuln [▸25] regiert. In der frühen Republik (5. und 4. Jh. v. Chr.) errang Rom die Vorherrschaft in Mittelitalien; in der mittleren Republik (3. und 2. Jh. v. Chr.) errang es in den punischen Kriegen [▸27]

zunächst die Vorherrschaft im westlichen Mittelmeerbereich, später durch den Sieg über König Perseus von Makedonien auch im östlichen Mittelmeerbereich. In der späten Republik (1. Jh. v. Chr.) drohte die Selbstvernichtung der römischen Macht im Bürgerkrieg, bis Oktavian [▸29] diesem Wahnsinn ein Ende setzte.

Ständekämpfe: Als Ständekämpfe bezeichnet man die Auseinandersetzungen zwischen Plebejern [▸24] und Patriziern [▸24] von ca. 470–287 v. Chr., in deren Verlauf sich die Plebejer allmählich die vollständige politische Gleichberechtigung mit den Patriziern erkämpften. Im Verlauf dieser Kämpfe entstanden unter anderem das Amt des Volkstribunen [▸25] und das Zwölftafelgesetz [▸40].

Völkerwanderung: Unter ihr versteht man die Wanderbewegung vor allem germanischer Stämme (wie z. B. der Goten und Wandalen) im 4.–6. Jh. n. Chr., die letztendlich zum Untergang des weströmischen Kaiserreichs führte. In ihrem Zusammenhang gewann z. B. auch der Ostgotenkönig Theoderich der Große am Ende des 5. Jh. n. Chr. die Macht über Rom.

NOTIZEN

Frühe und mittlere Republik | GESCHICHTE

Via Appia

Appius Claudius Caecus: Zensor [▶25], der 312 v. Chr. eine nach ihm benannte Straße (Via Appia) und Wasserleitung (Aqua Appia) anlegen ließ.

Marcus Furius Camillus: Er eroberte am Beginn des 4. Jh. v. Chr. die römische Nachbarstadt Veji und besiegte später die Gallier [▶27].

Marcus Porcius Cato maior: Ein wichtiger Politiker und Redner (234–149 v. Chr.). Berühmt blieb er vor allem wegen seiner Sittenstrenge als Zensor [▶25].

Gnaeus Marcius Coriolanus: Er eroberte am Beginn des 5. Jh. v. Chr. die Stadt Corioli für Rom, lief aber später zum Feind über und belagerte Rom. Auf Bitten seiner Mutter und Ehefrau ließ er aber von der Belagerung seiner Heimatstadt ab.

Gallier: Die Gallier besetzten am Anfang des 4. Jh. v. Chr. unter ihrem Anführer Brennus – nach dem die Brennerautobahn nach Italien benannt wurde – die Stadt Rom mit Ausnahme des Kapitols [▶16], dessen Eroberung durch das Geschnatter der heiligen Gänse der Juno [▶10] verhindert wurde. Bei der Zahlung eines Lösegeldes für den Abzug aus Rom soll Brennus »Vae victis! – Wehe den Besiegten« ausgerufen haben. Dieses Lösegeld wurde ihm aber vom Diktator [▶25] Camillus [▶27] bald wieder entrissen, als er die Gallier aus Rom vertrieb.

Hannibal: Unter seiner Führung eroberten die Karthager im 2. Punischen Krieg (218–201 v. Chr.) nahezu ganz Italien. Nach Siegen über die Römer bei Cannae und am Lacus Regillus musste er aber erfolglos Italien wieder verlassen und wurde von Scipio Africanus maior [▶27] in seiner Heimat bei Zama besiegt.

Publius Cornelius Scipio Africanus maior: Sieger über Hannibal im 2. Punischen Krieg bei Zama. Später verließ er wegen des Neids seiner Standesgenossen freiwillig Rom und starb im Exil.

Publius Cornelius Scipio Africanus minor: Ein Enkel von Scipio maior [▶27], der im 3. Punischen Krieg 146 v. Chr. Karthago zerstörte. Er war ein Freund griechischer Bildung und Kultur, und umgab sich mit Dichtern und Gelehrten, dem nach ihm benannten »Scipionenkreis«.

GESCHICHTE | Späte Republik

Marius ◄► Sulla

Marcus Antonius (83–30 v. Chr.): Mitglied des Zweiten Triumvirats [►29] und verantwortlich für die Proskriptionen [►29], denen auch Cicero [►28] zum Opfer fiel. Nach seiner Niederlage gegen Oktavian beging er 30 v. Chr. zusammen mit Kleopatra [►28] Selbstmord.

Marcus Iunius Brutus (85–42 v. Chr.): Er war maßgeblich an der Ermordung Cäsars [►28] 44 v. Chr. beteiligt. Zwei Jahre später kam er in der Schlacht von Philippi selbst ums Leben.

Bürgerkrieg: Als Bürgerkrieg bezeichnet man die bewaffnete Auseinandersetzung zwischen Angehörigen desselben Staates. Im letzten Jh. v. Chr. gab es in Rom dreimal Bürgerkrieg: Zunächst zwischen Marius [►28] und Sulla [►29], danach zwischen Cäsar [►28] und Pompejus [►29], schließlich zwischen Oktavian [►29] und Marcus Antonius [►28].

Gaius Iulius Caesar (100–44 v. Chr.): Er eroberte im Gallischen Krieg in den Jahren 58–50 v. Chr. ganz Gallien. Nachdem er danach seinen ehemaligen Schwiegersohn Pompejus [►29] im Bürgerkrieg besiegt hatte, ließ er sich zum Diktator [►25] ernennen und begann, Rom wie ein König zu regieren. Des-

halb verschworen sich sein ehemaliger Freund Brutus [►28] und andere Adelige gegen ihn und ermordeten Cäsar an den Iden des März 44 v. Chr.

Marcus Porcius Cato minor (95–46 v. Chr.): Ein erbitterter Gegner Cäsars [►28]. Um sich im Bürgerkrieg der Begnadigung durch Cäsar zu entziehen, beging er 46 v. Chr. Selbstmord.

Marcus Tullius Cicero (106–43 v. Chr.): Der wohl bedeutendste Redner Roms. Als Konsul [►25] vereitelte er 63 v. Chr. die Verschwörung des Catilina. Nach der Ermordung Cäsars griff er Marcus Antonius [►28] in mehreren Reden heftig an. Als Rache dafür fiel er 43 v. Chr. den Proskriptionen [►29] des Zweiten Triumvirats [►29] zum Opfer.

Cleopatra VII. (69–30 v. Chr.): Königin von Ägypten und zunächst die Geliebte Cäsars [►28], später die Lebensgefährtin von Marcus Antonius [►28]. An dessen Seite kämpfte sie gegen Oktavian [►29] und beging nach der Niederlage gegen diesen gemeinsam mit Marcus Antonius Selbstmord.

Gaius Marius (156–86 v. Chr.): Er war ein bedeutender Feldherr, siebenmal Konsul und stand auf der Seite der Popularen. Er fand im Bürgerkrieg gegen seinen erbitterten Gegner Sulla [►29] 86 v. Chr. den Tod.

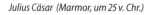
Julius Cäsar (Marmor, um 25 v. Chr.)

NOTIZEN

Gaius Octavi(an)us (63 v. Chr.–14 n. Chr.): Nach seiner Adoption durch Cäsar [▶28] nannte er sich zunächst Oktavian. Im Jahr 31 v. Chr. besiegte er im Bürgerkrieg Marcus Antonius [▶28] und Kleopatra [▶28] und regierte seitdem als erster Kaiser unter dem ihm vom Senat verliehenen Ehrennamen Augustus [▶30] bis 14 n. Chr. das römische Reich.

Der junge Oktavian (Bronze, 1. Jh. v. Chr.)

Optimaten: Als Optimaten bezeichnete man die Gruppierung der Senatoren, die ihre Ziele mithilfe des Senats [▶24] durchsetzen wollte.

Gnaeus Pompeius Magnus (106–48 v. Chr.): Ein bedeutender Feldherr. Im Jahr 60 v. Chr. schloss er mit Cäsar und Crassus das Erste Triumvirat [▶29], wurde aber im Bürgerkrieg nach der Niederlage gegen seinen ehemaligen Schwiegervater Cäsar [▶28] ermordet.

Popularen: Als Popularen bezeichnete man die Gruppierung der Senatoren, die ihre Ziele mithilfe der Volksversammlung [▶24] durchsetzen wollte.

Proskriptionen: Als Proskriptionen bezeichnet man die staatliche Verfolgung von Privatpersonen. Jeder, der auf der Proskriptionsliste erscheint, darf straffrei getötet werden. Seine Güter werden vom Staat beschlagnahmt.

Lucius Cornelius Sulla (138–78 v. Chr.): Er war ein bedeutender Feldherr und stand auf der Seite der Optimaten [▶29]. Er besiegte im Bürgerkrieg seinen erbitterten Gegner Marius [▶28] und ordnete danach als Diktator [▶25] den Staat neu.

Sulla (Marmor, 1. Jh. n. Chr.)

Triumvirat: Ein Bündnis aus drei (*tres*) Männern (*viri*). Das Erste Triumvirat gingen im Jahr 60 v. Chr. Cäsar [▶28], Pompejus [▶29] und Crassus ein. Das Zweite Triumvirat schlossen im Jahr 43 v. Chr. Oktavian [▶29], Marcus Antonius [▶28] und Lepidus. Ziel dieser Triumvirate war offiziell die Erhaltung bzw. Wiederherstellung des Staats, eigentlich ging es den Triumvirn aber um die eigene Macht. Deshalb endeten beide Triumvirate in einem Bürgerkrieg [▶28], sobald der »Dritte im Bunde« (Crassus bzw. Lepidus) als ausgleichendes Element weggefallen war.

GESCHICHTE | Kaiserzeit

Augustus: Unter dem ihm vom Senat verliehenen Ehrennamen Augustus [▸34] regierte Oktavian [▸29] von 31 v. Chr. bis 14 n. Chr. als erster Kaiser Rom. Er selbst nannte sich allerdings Prinzeps, d. h. führender Mann, um nicht als offensichtlicher Monarch das Schicksal seines Adoptivvaters Cäsar [▸28] zu erleiden.

Hadrian: Er regierte von 117–138 n. Chr. als Kaiser und ließ das Pantheon [▸33] erbauen. Seine letzte Ruhestätte fand er im *Mausoleum Hadriani*, das später vom Papst unter dem Namen Engelsburg zu einer Festung ausgebaut wurde.

Nero: Römischer Kaiser von 54–68 n. Chr. Seine ersten Regierungsjahre waren gut. Doch dann war er kaum mehr zu bändigen: Er ließ seine Mutter Agrippina ermorden und zwang seinen Erzieher Seneca zum Selbstmord. Nach dem großen Brand Roms im Jahr 64 n. Chr., den er selbst gelegt haben soll, machte er die Christen zu Sündenböcken und ließ sie in seinem Circus in der Nähe des Vatikan [▸16] hinrichten. Um seiner Ermordung zuvorzukommen, beging er im Jahr 68 n. Chr. Selbstmord.

Konstantin der Große: Kaiser von 306–337 n. Chr. Unter seiner Regierungszeit wurde das Christentum nicht nur als Religion anerkannt, sondern auch stark gefördert. Denn der Sage nach hatte Konstantin 312 n. Chr. den entscheidenden Sieg gegen den Tetrarchen [▸30] Maxentius bei der Milvischen Brücke in Rom im Zeichen des Kreuzes errungen. Von diesem Sieg kündet bis heute der Konstantinsbogen neben dem Kolosseum in Rom. 330 n. Chr. gründete er am Bosporus, an der Stelle des alten Handelssitzes Byzantion, Konstantinopel (das heutige Istanbul) als neues christliches Rom.

Konstantin der Große (Münzbildnis, 315 n. Chr.)

Tetrarch: Als Tetrarch bezeichnet man einen der vier Kaiser, die seit 293 n. Chr. eine der vier von Kaiser Diokletian eingerichteten Regierungseinheiten (Tetrarchien) – zwei im Westen, zwei im Osten – regierten. Auch Konstantin [▸30] regierte zunächst als einer der zwei Tetrarchen des Westens in Trier, bevor er Maxentius besiegte.

Titus: Römischer Kaiser von 79–81 n. Chr. Kurz nach seinem Regierungsantritt brach der Vesuv aus und begrub unter anderem auch Pompeji. Im Jahr 80 n. Chr. weihte er das von seinem Vater, Kaiser Vespasian, in Auftrag gegebene Amphitheater [▸7], das später den Namen Kolosseum bekam, ein. Nach seinem Tod ließ sein Bruder und Nachfolger Domitian für ihn den Titusbogen auf dem Forum Romanum [▸17] errichten. Darauf ist auch der siebenarmige Leuchter abgebildet, den Titus bei der Eroberung Jerusalems 70 n. Chr. erbeutete.

Trajan: Er regierte Rom von 98–117 n. Chr. und ließ das Trajansforum mit der Trajanssäule [▸33] und die Trajansthermen errichten. Unter seiner Regierung erreichte das Imperium Romanum seine größte Ausdehnung.

Christentum: Im Christentum wurde und wird der Jude Jesus von Nazaret als Sohn Gottes verehrt. Es stand Frauen und Männern zugleich offen und aufgrund der Nächstenliebe (*caritas*) der ersten Christen gewann es auch in Rom sehr bald Zulauf. Die meisten Kaiser ließen die Christen einfach gewähren, manche aber verlangten von ihnen ein Opfer. Falls sie dieses nicht leisteten, wurden sie verfolgt und zum Teil auch hingerichtet. Erst mit Kaiser Konstantin dem Großen [▸30] kam die Wende, da er im Toleranzedikt von Mailand 313 n. Chr. das Christentum als Religion anerkannte. 381 n. Chr. wurde das Christentum durch Kaiser Theodosius den Großen zur Staatsreligion erhoben.

Christenverfolgungen: Christen wurden von den Römern nicht grundsätzlich, sondern nur von einigen Kaisern verfolgt. Die berühmteste Verfolgung ordnete wohl Nero [▸30] an, die schlimmsten fanden allerdings unter den Kaisern Decius und Diokletian im 3. Jh. n. Chr. statt. Hierbei fanden zahlreiche Christen den Tod.

Isiskult: Im Isiskult wurde die ägyptische Göttin Isis als Erlöserin verehrt. Dieser Kult stand nur Frau-

en offen. Wirkmächtig erwiesen sich vor allem die Statuen der Isis, die sie zusammen mit ihrem Sohn Horus zeigen. Ihre Ikonographie (Bildersprache) fand in den christlichen Marienstatuen ihre Fortsetzung.

Kaiserkult: Außerhalb von Rom wurde der römische Kaiser wie ein Gott verehrt. Das Opfer an ihn war im Zusammenhang mit den Christenverfolgungen [▸31] der Test dafür, ob jemand als Christ verfolgt wurde oder nicht.

Katakomben: Sie dienten den Christen angeblich als Versteck bei Christenverfolgungen [▸31]. In Wirklichkeit waren sie aber nichts anderes als große, meist mehrstöckige unterirdische Grabanlagen, in denen zum Großteil Römer, zum Teil auch Christen beerdigt wurden.

Mithraskult: Im Mitraskult wurde der persische Gott Mithras als Erlöser verehrt. Dieser Kult stand nur Männern offen und war bei Soldaten sehr beliebt. Die Geburt des Mithras, bei dessen Kult es auch ein Heiliges Mahl gab, wurde am 25. Dezember gefeiert.

Paulus: Jude und römischer Bürger [▸24]. Nach seinem Bekehrungserlebnis bei Damaskus trug er entscheidend zur Verbreitung des Christentums bei. Da ihm als römischem Bürger nur in Rom der Prozess gemacht werden konnte, kam er höchstwahrscheinlich dort im Jahr 66 n. Chr. ums Leben.

*Thronende Isis mit Horusknabe
(Bronze, 600 v. Chr.)*

Grenzübertritt am Limes

Der Pont du Gard bei Remoulins (Provence)

Hadrianswall: Er war die nördlichste Grenzbefestigung des Imperium Romanum und befindet sich im nördlichen England. Er wurde vom römischen Kaiser Hadrian [▸30] von 122–128 n. Chr. zum Schutz der römischen Provinz Britannia erbaut. Große Überreste der einst 118 km langen Anlage sind bis heute erhalten.

Limes: Mit Limes bezeichnete man in der Kaiserzeit [▸26] allgemein die durch Wehranlagen gesicherten Grenzen des Imperium Romanum. So ist z. B. der Hadrianswall [▸32] genauso ein Limes wie Grenzbefestigungen im Norden Afrikas. Heute verstehen wir unter dem Limes die aus dem obergermanischen und rätischen Limes bestehende, sich von Rheinbrohl bis Kehlheim erstreckende Wehranlage, die das römische Reich vor den Germanen schützen sollte. Zunächst bestand der Limes nur aus in Sichtweite befindlichen Holztürmen. Kaiser Hadrian [▸30] verband diese mit einem durchgehenden Palisadenzaun. Dieser wurde nach ersten Einfällen der Alemannen im 3. Jh. n. Chr. in Obergermanien durch eine 3 m hohe Steinmauer ersetzt. In Rätien wurde er durch Wall und Graben verstärkt. Dieser Wall ist noch heute größtenteils sichtbar. Seit 2007 gehört der Limes zum Weltkulturerbe der UNESCO.

Pont du Gard: Er befindet sich in Südfrankreich und ist der vollständig erhaltene Rest eines Aquädukts [▸21]. Er zeigte die Ingenieurskunst der Römer und führte das aus Uzès kommende Wasser über das Tal des Gards, eines Nebenflusses der Rhône, nach Nîmes.

Porta Nigra: So lautet der mittelalterliche Name des ca. 180 n. Chr. erbauten, aber unvollendet gebliebenen Nordtors der römischen Stadtbefestigung von Trier.

Römerstädte: Als Römerstädte werden Städte bezeichnet, die aus ehemaligen römischen Militärlagern entstanden sind, so z. B. Köln (*Colonia Agrippinensis*), Trier (*Augusta Treverorum*), Mainz (*Mogontiacum*), Augsburg (*Augusta Vindelicorum*), Kempten (*Cambodunum*) und Regensburg (*Castra Regina*).

NOTIZEN

Rekonstruktion des Pantheons in Rom

Pantheon: Das Pantheon (griech. für *Tempel aller Götter*) ist das einzige antike Gebäude, das nahezu unverändert bis heute erhalten blieb. Der Grund dafür liegt darin, dass es 609 n. Chr. in eine Marienkirche umgewidmet wurde. Es wurde von Kaiser Hadrian [▶30] anstelle eines abgebrannten, von Agrippa [▶34] errichteten Vorgängerbaus ca. 130 n. Chr. in seiner heutigen Form errichtet. Das besondere am Pantheon ist seine Architektur. Denn in die zylinderförmigen Außenmauern ist eine Kugel mit 43,30 m Durchmesser eingeschrieben, deren obere Hälfte zugleich die Kuppel des Gebäudes bildet. Diese blieb bis ins Mittelalter die größte Kuppel Roms, bevor sie von der des Petersdoms übertroffen wurde. Dort befindet sich auch zum Teil die Bronzeverkleidung des Dachstuhls der Vorhalle, wenn auch in anderer Gestalt: Sie wurde eingeschmolzen, um daraus den Baldachin über dem Altar des Petersdoms zu errichten. Im Pantheon fanden Raffael [▶39] und der italienische König Victor Emanuel II ihre letzte Ruhestätte.

Trajanssäule in Rom (113 v. Chr.)

Trajanssäule: Sie bildete als Monument des Sieges über die Daker den krönenden Abschluss des von Kaiser Trajan [▶30] aus der Kriegsbeute errichteten Kaiserforums [▶16]. Auf einem ca. 200 m langen, spiralförmig um die Säule herumlaufenden Relief sind Szenen aus dem Krieg gegen die Daker dargestellt. Oben auf der Säule befand sich eine Statue Trajans, die 1587 durch eine Statue des Apostels Petrus ersetzt wurde. In den Sockel, auf dem die Säule stand, wurde nach dem Tod des Trajan dessen Aschenurne verbracht. Die Höhe der Säule (29,47 m) markierte, wie hoch der Berg war, der abgetragen werden musste, um Platz für das Trajansforum zu schaffen.

GESCHICHTE | Augustus und seine Zeit

Ara pacis

Augustus und Angehörige in einer Prozession. Detail aus dem Relief der Ara pacis

Apollotempel: Als Dank für die Unterstützung bei seinem Sieg gegen Antonius [▸28] ließ Augustus [▸34] in der Nähe seines Hauses auf dem Palatin [▸16] einen Tempel für Apollo [▸11] erbauen. Innerhalb des Tempelbezirkes eröffnete er die erste öffentliche Bibliothek Roms. Augustus' privatem Schutzgott Apollo war auch das von Horaz [▸35] gedichtete Festlied der Säkularspiele [▸36] gewidmet.

Ara pacis: Der 9 v. Chr. eingeweihte Friedensaltar des Augustus war die in Stein gemeißelte Erinnerung daran, dass Augustus den Römern nach einem Jahrhundert der Bürgerkriege [▸28] den Frieden (*Pax Augusta*) zurückgebracht hatte. Besonders augenfällig machte das der Reliefschmuck des Altars (s. Abb.).

Agrippa (63–12 v. Chr.): Zunächst Freund, später auch Schwiegersohn des Augustus. Er war der beste Feldherr des Augustus, der seinen Sieg über Antonius [▸28] 31 v. Chr. vor allem Agrippa verdankte.

Augustus [▸30]: Augustus bedeutet »der Erhabene«. Dieser Ehrentitel wurde Oktavian [▸29] 27 v. Chr. für die Beendigung der Bürgerkriege [▸28] vom Senat verliehen. Zwar regierte Oktavian faktisch schon seit seinem Sieg über Antonius [▸28] 31 v. Chr. allein über Rom. Seit der Verleihung des Ehrentitels Augustus war seine bis zu seinem Tod 14 n. Chr. dauernde Regierung aber auch offiziell anerkannt. Was »Erhabenheit« bedeutet, bringt am besten die in der Villa der Livia [▸35] bei Prima Porta gefundene Augustusstatue zum Ausdruck, die den Kaiser in zeitloser Jugend, Kraft und Würde präsentiert.

Augustusforum: Es gehört zu den Kaiserforen [▸16] und wurde im Jahr 2 v. Chr. eingeweiht. Damit erfüllte Augustus ein Gelübde, das er nach der Ermordung seines Adoptivvaters Julius Cäsar [▸28] abgelegt hatte. Denn für die Rache an dessen Mördern versprach er dem Mars [▸10] Ultor (Mars, dem Rächer) einen Tempel, dessen Vorhof das Augustusforum bildete.

NOTIZEN

Augustus und seine Zeit | GESCHICHTE

Augustus von Prima Porta
(Marmorstatue, ca. 20 v. Chr.)

Augustusforum in Rom (Holzstich nach Zeichnung von G. Rehlender, um 1890)

Horaz (65–8 v. Chr.): Ein Freund des Mäcenas, in dessen Kreis er durch seine Satiren – in ihnen ist die bis heute berühmte Fabel von der Stadt- und Landmaus enthalten – aufgenommen wurde. Als nach dem Tod des Vergil [▶36] bedeutendster Dichter Roms verfasste er 17 v. Chr. für die Säkularspiele [▶36] des Augustus das Festlied. Die Stelle des Privatsekretärs des Augustus lehnte er aber ab.

Julia (39 v. Chr.–14 n. Chr.): Sie war das einzige Kind des Augustus, allerdings nicht von Livia [▶35], sondern von seiner zweiten Ehefrau Scribonia. Julia war nacheinander mit Marcellus [▶35], Agrippa [▶34] und Tiberius, dem Sohn der Livia, verheiratet. Wegen ihrer Untreue in der Ehe mit Tiberius wurde sie 2 v. Chr. von Augustus aus Rom verbannt.

Livia (58 v. Chr.–29 n. Chr.): Sie war seit 38 v. Chr. die dritte Ehefrau des Augustus und Mutter seines Adoptivsohns und späteren Nachfolgers Tiberius.

Livius (59 v. Chr.–17 n. Chr.): Er verfasste das Geschichtswerk »ab urbe condita«, in dem er in 142 Büchern die Geschichte Roms von der Erbauung der Stadt bis 9 v. Chr. beschrieb. Gerade in den ersten Büchern schildert er wohl ganz im Sinne der von Augustus propagierten moralischen Erneuerung die tugendhaften Taten der frühen Römer.

Marcellus: Er war der erste Ehemann der Julia [▶35], verstarb aber früh. Zu seinen Ehren wurde das bereits unter Cäsar geplante Theater unterhalb des Kapitols [▶16] Marcellustheater benannt.

Das Hermannsdenkmal im Teutoburger Wald

Vergil mit den Musen Klio und Melpomene, in der Hand die Aeneis (Mosaik, 3. Jh. n. Chr.)

Ovid (43 v. Chr. – 18 n. Chr.): Er verfasste mit seinem Epos »Metamorphosen«, in dem er die steten Veränderungen der Welt von ihrem Anbeginn bis zur Zeit des Augustus beschreibt, einen Klassiker der Weltliteratur. Aus bis heute nicht genau geklärten Unstimmigkeiten mit Augustus wurde er von diesem 8 n. Chr. unter anderem auch wegen seiner Dichtung aus Rom verbannt.

Säkularspiele: Im Jahr 17 v. Chr. veranstaltete Augustus [▶34] eine große Feier, mit der er aufzeigen wollte, dass mit ihm ein neues Jahrhundert (*saeculum*) angebrochen war. In diesem sollte das goldene Zeitalter (*aurea aetas*), in dem die Menschheit ganz zu Anfang gelebt hatte, zurückkehren.

Varusschlacht: Im Jahr 9 n. Chr. erlitt Augustus [▶34] seine schwerste militärische Niederlage. Denn der römische Kommandeur Varus geriet im Teutoburger Wald, den man heute bei Kalkriese in der Nähe von Osnabrück lokalisiert, in einen Hinterhalt der Germanen. Diese vernichteten unter Führung des Cheruskerfürsten Arminius drei römische Legionen. Als er davon hörte, soll Augustus »Varus, Varus, gib mir meine Legionen zurück!« gerufen haben. Arminius hingegen stieg unter dem Namen »Hermann, der Cherusker« zum Nationalhelden Deutschlands auf, weshalb man ihm 1875 auf dem Teutberg bei Detmold das Hermannsdenkmal errichtete.

Vergil (70 – 19 v. Chr.): Er wurde mit seiner »Aeneis«, einem Epos über Äneas [▶15], den Urahn der julischen Familie und Roms, zum Nationaldichter der Römer. In die Äneis flocht er Ausblicke in die Zeit des Augustus [▶34] ein, mit denen er dessen Politik unterstützte.

NOTIZEN

Alexander der Große (Mosaik, um 390 v. Chr.)

Alexander der Große (356–323 v. Chr.): Er war der Sohn von König Philipp II. von Makedonien und wurde von Aristoteles [▸38] erzogen. Nach dem Tod seines Vaters begann er einen Feldzug gegen die Perser. Er besiegte den persischen Großkönig Dareios III. nacheinander in den Schlachten am Granikos (334 v. Chr.), bei Issos (»333 bei Issos Keilerei«) und bei Gaugamela (331 v. Chr.). Dazwischen eroberte er Ägypten und gründete dort 331 v. Chr. Alexandria, das bis heute die bedeutendste Hafenstadt Ägyptens ist. Nach seinen Erfolgen über die Perser führte er 327–325 v. Chr. sein Heer bis nach Indien, verstarb aber 323 v. Chr. bei der Rückkehr. Alexander schuf das größte Reich der Antike, das aber bald nach seinem Tod im Streit auf seine Nachfolger (Diadochen) aufgeteilt wurde.

Marathon: Bei diesem Ort schlugen 490 v. Chr. die Griechen unter der Führung des Miltiades die Perser. Die Siegesbotschaft soll ein Soldat im ersten »Marathonlauf« der Geschichte nach Athen getragen haben und dort dann tot zusammengebrochen sein.

Perikles (um 490–429 v. Chr.): Er war ein athenischer Politiker und Feldherr (Stratege). Er war maßgeblich am Aufbau der attischen Demokratie beteiligt. Unter seiner Führung erlebte Athen seine größte Blüte in Handel und Gewerbe, Bildung und Kunst, was seinen bis heute beeindruckenden Ausdruck in der Wiedererrichtung des von den Persern zerstörten Parthenontempels auf der Akropolis in Athen fand.

Solon (um 640–560 v. Chr.): Er reformierte die Verfassung Athens, indem er die Bevölkerung in vier Klassen unterteilte und ein Volksgericht (Areopag) einrichtete, an das sich jeder freie Athener wenden konnte.

Sparta: Sparta war eine Stadt auf der griech. Halbinsel Peloponnes. Am Ende des 4. Jh. v. Chr. besiegte es im Peloponnesischen Krieg Athen [▸20] und übernahm vorübergehend die Vorherrschaft (Hegemonie) über Griechenland. Aufgrund der strengen Erziehung der Kinder wurde »spartanisch« eine andere Bezeichnung für »karg«.

Themistokles (um 525–459 v. Chr.): Er war ein athenischer Politiker und besiegte mit der von ihm geschaffenen Flotte 480 v. Chr. die Perser bei Salamis. Später wurde er, wie viele andere große attische Heerführer (Strategen), aus Neid durch ein Scherbengericht (Ostrakismos) aus Athen verbannt.

Aristoteles (384–322 v. Chr.): Ein Schüler des Platon [▶38]. Nach dessen Tod gründete er eine eigene Philosophenschule in Athen, den Peripatos. Er wurde als Erzieher von Alexander dem Großen [▶37] an den makedonischen Königshof geholt. Als Begründer der empirischen (d. h. auf die Sinneswahrnehmung gegründeten) Vorgehensweise prägte er die europäische Philosophie und Kulturgeschichte maßgeblich.

Diogenes (4. Jh. v. Chr.): Der bedeutendste Vertreter der Philosophie der Kyniker. Er predigte in Athen absolute Bedürfnislosigkeit und lebte dies auch vor, indem er in einem Fass hauste. Als ihm Alexander der Große [▶37] die Erfüllung eines Wunsches versprach, soll er ihn darum gebeten haben, ihm aus der Sonne zu gehen.

Epikur (341–270 v. Chr.): Er gründete eine eigene Philosophenschule in Athen, den Kepos. Dort lehrte er, dass die Welt aus Atomen bestehe, die Götter keinen Einfluss auf das Leben der Menschen nähmen und man am besten im Verborgenen lebe. Denn das Glück des Menschen bestehe in der Lust (*voluptas*), die er empfindet, wenn seine Seele völlig ausgeglichen ist. Epikur wurde von seinen Schülern wie ein Gott verehrt.

Platon (427–347 v. Chr.): Ein Schüler des Sokrates [▶38]. Nach dessen Tod verfasste er zahlreiche philosophische Werke mit Sokrates als Hauptfigur und gründete eine eigene Philosophenschule in Athen, die Akademie. Diese hat bis heute verschiedensten Bildungseinrichtungen ihren Namen vererbt. Als Begründer der Ideenlehre, nach der alle sich in der Welt befindenden Dinge nur ein Abbild ihrer außerhalb der Welt liegenden reinen Ideen seien, prägte er die europäische Philosophie und Kulturgeschichte maßgeblich.

Pythagoras (um 570–500 v. Chr.): Ein griechischer Mathematiker und Philosoph, dessen Lehre von der Seelenwanderung auch Platon [▶38] beeinflusste. Sein Satz »$a^2 + b^2 = c^2$« zählt bis heute zum Grundwissen jedes Mathematikschülers.

Sokrates (ca. 470–399 v. Chr.): Lehrer Platons [▶38] und der bedeutendste griechische Philosoph, obwohl er selbst kein Werk verfasste. Nach der Aussage des Orakels von Delphi war er der weiseste Mensch der Antike, wohl nicht zuletzt wegen der von ihm geäußerten Erkenntnis: »Ich weiß, dass ich nichts weiß.«

Stoa: Die von Zenon von Kition (um 490–430 v. Chr.) begründete und nach ihrem Schulort in Athen, einer bunt bemalten Säulenhalle, benannte Philosophenschule. Sie lehrte, dass die Welt von der Vorsehung der Götter gelenkt werde. Denn das Glück des Menschen bestehe in der Tugend (*virtus*), die sich im Einsatz für Staat und Gesellschaft zeigt. Die Lehren der Stoa wurden nicht nur von römischen Philosophen wie Cicero [▶39], Seneca [▶39] und Marc Aurel [▶39] übernommen, sondern auch vom Christentum fortgeführt.

NOTIZEN

Raffael: Die Schule von Athen (Fresko, 1510/11)

Augustinus (354–430 n. Chr.): Ein großer Kirchenlehrer und Heiliger. Er zeigte, dass das christlich-jüdische Denken der Philosophie Platons [▶38] nicht widersprach, indem er Platons höchste Idee des Schönen und Guten mit Gott gleichsetzte.

Cicero (106–43 v. Chr. [▶28]): Er fasste gegen Ende seines Lebens die wichtigsten Lehren der griech. Philosophie in mehreren Werken zusammen. Dabei schuf er die Fachsprache, die alle weitere Philosophie in lateinischer Sprache erst ermöglichte.

Marc Aurel: Ein ernster Anhänger der Stoa [▶38] und von 161–180 n. Chr. römischer Kaiser. Ein Reiterstandbild von ihm schmückt bis heute das Kapitol [▶16] in Rom, da es die Christen für eine Darstellung Konstantins [▶30] hielten und deshalb nicht einschmolzen.

Raffael (1483–1520 n. Chr.): Er war einer der bedeutendsten Künstler der Renaissance [▶43] und schuf unter anderem für die Ausschmückung des Vatikan das Gemälde »Die Schule von Athen« (s. Abb.), auf dem er um die im Zentrum einherschreitenden Platon und Aristoteles verschiedene andere Philosophen aus Antike und Mittelalter darstellte.

Seneca minor (um 4 v. Chr.–65 n. Chr.): Lehrer und Berater Kaiser Neros [▶30], von dem er zum Selbstmord gezwungen wurde. Er war ein Anhänger der Stoa [▶38] und verfasste unter anderem 124 »Epistulae morales« über ethische Themen.

Thomas von Aquin (354–430 n. Chr.): Der bedeutendste Theologe und Philosoph des Mittelalters. Er entdeckte die nur im Islam überlieferten Schriften des Aristoteles [▶38] neu und versuchte – anknüpfend an das philosophische Denken des Aristoteles –, der Theologie den Charakter einer Wissenschaft zu geben.

Corpus iuris civilis: Eine von Kaiser Justinian (527–565 n. Chr.) geschaffene Rechtssammlung, die seit dem späten Mittelalter zur Grundlage und zum Vorbild aller modernen Rechtsordnungen der westlichen Welt wurde, so z. B. auch für das 1900 entstandene deutsche Bürgerliche Gesetzbuch (BGB). Manche der darin aufgestellten Rechtsgrundsätze wie z. B. »*Nulla poena sine lege.*« (Keine Strafe ohne Gesetz) oder »*Audiatur et altera pars.*« (Auch die Gegenseite soll angehört werden!) gelten bis heute.

Figur der Justitia auf dem Rathaus von Offenburg

Iustitia: Sie ist die Personifikation der Gerechtigkeit. Dargestellt wird sie mit Waage und Schwert (s. Abb.), teils auch mit verbunden Augen, da sie ohne Ansehen der Person urteilen soll.

Rechtsprechung: In Rom wurden Verstöße gegen das Recht nicht von Staats wegen verfolgt. Wer sich in seinem Recht verletzt fühlte, musste den Beklagten selbst vor Gericht, d. h. vor den zuständigen Prätor [▶25] bringen. Dieser entschied, ob ein Prozess eingeleitet wurde. Wenn ja, versuchte man, mithilfe eines Anwalts sein Recht zu erwirken. Für die Anwälte war dies die Gelegenheit, ihre politische Karriere zu fördern.

Rechtsquellen: In der Königszeit [▶26] war das Recht in Rom zunächst eine der Willkür und Auslegung von adeligen Priestern unterworfene, zum Teil ungerechte Angelegenheit. Deshalb entstand am Beginn der Ständekämpfe [▶26] das Zwölftafelgesetz [▶40]. Seitdem galt all das als Recht, was die auf den zwölf Tafeln gesammelten Gesetze beinhalteten. Später entstanden immer neue Gesetze: In der Republik [▶26] durch Beschlüsse des Senats [▶24] und der Volksversammlung [▶24], in der Kaiserzeit [▶26] durch Erlasse des Kaisers.

Rechtswissenschaft: Sie lag lange Zeit in der Hand der Adligen, da man »Jura« nicht an einer staatlichen Einrichtung, sondern nur in der Begleitung und Beobachtung eines stets adligen Rechtsgelehrten »studieren« konnte. Im Lauf der Kaiserzeit [▶26] entstanden aber aufgrund der immer unübersichtlicheren Rechtslage Gesetzeskommentare und Rechtssammlungen. Die wirkmächtigste wurde der im 6. Jh. n. Chr. von Kaiser Justinian erstellte Rechtskodex, das »*corpus iuris civilis*« [▶40].

Zwölftafelgesetz: Es entstand im Lauf der Ständekämpfe ca. 450 v. Chr., enthielt in schriftlicher Fassung auf Bronzetafeln die geltenden Gesetze und wurde auf dem Forum aufgestellt. Somit war das Recht, das zuvor nur in Sprüchen und Formeln existiert hatte, die von Priestern unter Verschluss gehalten wurden, deren Willkür entzogen, da es für jedermann nachlesbar war.

Benedikt von Nursia (um 480–547 n. Chr.): Er gründete mit dem Grundsatz »*Ora et labora!*« (Bete und arbeite!) um 529 den Orden der Benediktiner und war erster Abt des Klosters [▶41] auf dem Monte Cassino in Italien. Der von ihm gegründete Orden war maßgeblich an der Christianisierung Europas beteiligt.

Bonifatius (um 675–754 n. Chr.): Er war ein Benediktinermönch und wurde 719 von Papst Gregor II. damit beauftragt, die Germanen im Gebiet des heutigen Deutschland zu christianisieren. Er verbreitete das Christentum in Hessen und Thüringen. Danach organisierte er die zuvor schon bestehenden bayerischen Bistümer neu und verband sie eng mit Rom. Auf einer Missionsreise nach Friesland wurde er 754 erschlagen.

Hieronymus (um 347–419 n. Chr.): Ein Kirchenlehrer und Heiliger. Er lebte seit 386 in Betlehem als Leiter eines Klosters. Seine bedeutendste Leistung war die sogenannte *Vulgata* [▶41], d. h. die Übersetzung der Bibel ins Lateinische.

Klöster: Im Mittelpunkt der nach benediktinischer Tradition gebauten Klosteranlagen lag die Kirche, an welche sich ein Kreuzgang anschloss. Um diesen herum gruppierten sich der abgeschlossene Bereich der Mönche (*Klausur*), bestehend aus Speisesaal (*Refektorium*), Schlafsaal (*Dormitorium*) und Kapitelsaal (für Versammlungen). Daneben umfasste ein Kloster normalerweise aber auch noch ein Gästehaus, ein Krankenhaus (Spital) und landwirtschaftliche Gebäude. In manchen Klöstern gab es dazu auch noch eine umfangreiche Bibliothek und einen Schreibsaal (*Skriptorium*), in dem nicht nur die Heilige Schrift, sondern auch viele Werke römischer Autoren abgeschrieben und so für die Nachwelt erhalten wurden. So entwickelten sich die Klöster im frühen Mittelalter nicht nur zu wichtigen Wirtschaftszentren, sondern auch zum wichtigsten Träger der abendländischen Kultur und hatten entscheidenden Anteil an der Christianisierung Europas.

Vulgata: Sie wurde ab 382 n. Chr. von Hieronymus [▶41] geschaffen und bildete als die überall (*vulgo*) verbreitete Fassung der Bibel die Basis aller Theologie im Mittelalter.

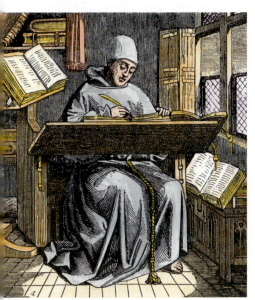

Mönch beim Kopieren eines Manuskripts (Holzschnitt, 19. Jh.)

Humanismus: Nachdem das geistige und literarische Erbe der Antike aufgrund des Vormarsches des Christentums im Mittelalter lange Zeit in den Hintergrund geraten war, wurde es von den Humanisten wieder in den Mittelpunkt des Bildungsprogramms gerückt. Ausgehend von den Italienern *Dante Alighieri* und *Francesco Petrarca*, die im 14. Jh. an die Literatur und Werte der Antike anknüpften, breitete sich der Humanismus in ganz Mitteleuropa aus. In seinem Zentrum stand zum einen das Ideal eines frei denkenden, von der Kirche unabhängigen Menschen, zum anderen die Anerkennung der moralischen Gleichwertigkeit aller Menschen. Den Höhepunkt des Humanismus bildete das Werk des *Erasmus von Rotterdam* (1466–1536), der in seinen Schriften das Christentum mit der Antike verband und für religiöse Toleranz eintrat. Dadurch beeinflusste der Humanismus maßgeblich die Gedanken der Reformation, mit deren Erfolg er an sein Ende gelangte. Durch das Werk *Philipp Melanchthons* (1497–1560), des bedeutendsten Mitarbeiters von Martin Luther, wirkte der Humanismus allerdings auf die weitere Entwicklung Europas weiter. Noch heute wird an »humanistischen« Gymnasien nicht nur Latein, sondern auch Griechisch gelernt.

Klassizismus: Der bewusste Rückgriff auf antike Vorbilder wird in der Kunst als Klassizismus bezeichnet. In der deutschen Literatur war die gesamte Literatur der Aufklärung [*G. E. Lessing* (1729–1781), *F. von Schiller* (1759–1805), *J. W. von Goethe* (1749–1832)] dem Klassizismus verpflich-

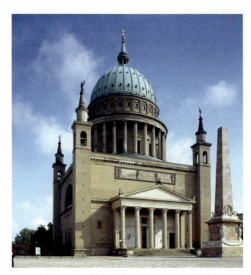

Die Nikolaikirche in Potsdam

tet, indem sie in der Form (z. B. Drama, Fabel) und zum Teil auch im Inhalt (z. B. Lessings Fabeln, Schillers Ballade »Die Bürgschaft« oder Goethes Drama »Iphigenie«) auf antike Vorbilder zurückgriff. In der Kunst war es vor allem *Johann Joachim Winckelmann* (1717–1768), der mit seiner Deutung der griechischen Kunst als »edle Einfalt und stille Größe« das Schönheitsideal des Klassizismus bildete. Zum einem prägte er damit den klassischen Stil der Baumeister *Karl Friedrich Schinkel* (1781–1841; z. B. die Nikolaikirche in Potsdam oder das Alte Museum in Berlin) und *Leo von Klenze* (1784–1864; z. B. die Alte Pinakothek sowie die Glyptothek und die Propyläen in München). Zum anderen wurde Winckelmann, den man 1763 mit der Oberaufsicht über alle Altertümer in und um Rom beauftragte, zum Begründer der klassischen Archäologie. Denn im Zusammenhang mit der durch Winckelmann ausgelösten Antikenbegeisterung erfolgten ab Beginn des 19. Jh. erste systematische Ausgrabungen in den 79 n. Chr. vom Vesuv verschütteten Städten Pompeji und Herculaneum, die den zuvor dort durchgeführten, unwissenschaftlichen Raubgrabungen ein Ende setzten. Die neu wertgeschätzten Altertümer waren es wiederum, die immer mehr Nordeuropäer, darunter auch J. W. Goethe, zu einer Reise über die Alpen veranlassten.

Neuzeit: In der Neuzeit ist die Antike nicht mehr absolut stilbildend wie in der Renaissance [▶43] oder im Humanismus [▶42]. Selbst wenn am Beginn des Barock z. B. *Giovanni Lorenzo Bernini* (1598–1680) sowohl in der Architektur als auch in der Plastik (z. B. Äneas: s. Abb.) noch stark der Antike verpflichtet war, ging die Dominanz antiker Motive allmählich zurück. Trotzdem lassen sich auch heute noch mehr oder weniger leicht erkennbare Zitate in allen Bereichen der Kunst (Architektur, Malerei, Oper, Theater, Literatur) finden.

Renaissance: Sie nahm im 14. Jh. von Italien ihren Ausgang und leitete gewissermaßen als »Neugeburt« (ital.: rinascimento) der antiken Ideale in Verbindung mit dem Humanismus [▶42] die Wende vom Mittelalter zur Neuzeit ein. Gekennzeichnet ist die Renaissance durch eine Bewusstwerdung der Persönlichkeit und dem Streben nach objektiver Naturerkenntnis. Die bedeutendsten bildenden Künstler der Renaissance waren *Leonardo Da Vinci* (1452–1519), *Michelangelo Buonarotti* (1475–1564), *Raffael* [▶39] (1483–1520), *Tizian* (1477–1576), *Matthias Grünewald* (1470–1528), *Albrecht Dürer* (1471–1528) und *Albrecht Altdorfer* (1480–1538). Geistige Wegbereiter der Renaissance waren *Dante Alighieri* (1265–1321) und *Giovanni Boccacchio* (1313–1375). Der wohl bedeutendste Schriftsteller der Renaissance war *William Shakespeare* (1564–1616), dessen Dramen u. a. auch klassische Themen (z. B. Julius Cäsar) aufgriffen.

Romanik: In der Baukunst wird die Epoche, die vor allem auf zwei Elemente aus der römischen Architektur – Bogen und Säule – zurückgriff, Romanik genannt. Typisch für die Romanik, die von ca. 950 bis 1200 n. Chr. prägend war, sind festes Mauerwerk mit kleinen Fenstern, Tonnengewölben, Kuppeln und Rundbögen. Abgelöst wurde die Romanik vom luftigeren und durch Spitzbögen geprägten gotischen Baustil.

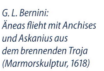

G. L. Bernini:
Äneas flieht mit Anchises
und Askanius aus
dem brennenden Troja
(Marmorskulptur, 1618)

NOTIZEN

Bildnachweis

Titel: A.M. Liberati, F. Bourbon: Das antike Rom, S. 29 | 4, 5: Andrea Naumann, Aachen | 6: Archiv i.motion gmbh, Bamberg | 7: Andrea Naumann, Aachen | 8: akg-images | 9-11: Andrea Naumann, Aachen | 12: Archiv i.motion gmbh, Bamberg | 14: WikiCommons / Paul Stevenson | 15: Scala, Antella | 16: picture-alliance / akg-images | 17: A.M. Liberati, F. Bourbon: Das antike Rom, S. 29 | 19: tiff.any GmbH, Berlin | 20: akg-images / Nimatallah | 21: akg-images / Peter Connolly | 23, 25: akg-images / Erich Lessing | 27: Kleuske / nl.wikipedia | 28: Scala, Antella | 29, 30: akg-images | 31: picture-alliance / akg-images / Erich Lessing | 32a: Limesmuseum, Aalen | 32b: mauritius images / imagebroker / Franz Waldhäusl | 33a: akg-images / Peter Connolly | 33b: picture-alliance / akg-images / Tristan Lafranchis | 34a: picture-alliance / dpa / Ralf Braum | 34b: Bridgeman Art Library, London | 35a: akg-images / Erich Lessing | 35b: picture-alliance / akg-images | 36b, 37: akg-images / Erich Lessing | 39: Scala, Antella | 40: Ullstein Bilderdienst, Berlin / Otto | 41: akg / North Wind Picture Archives | 42: Wiki-Commons / Karsten Knuth | 43: akg-images / Erich Lessing | Verlagsarchiv

Register

A
Achilles 12
Ädil 25
Agamemnon 12
Agrippa 33, **34**
Ägypten **18**, 28, 37
Alexander 19, **37**, 38
Amor 11
Amphitheater 5, **7**, 30
Ämterlaufbahn 24, **25**
Äneas 10, **15**, 18, 19, 36, 43
Antigone 22
Antike 7, 18, **26**, 42
Antonius **28**, 29, 34
Apollo **11**, 34
Apollotempel **34**
Appius Claudius **26**
Aquädukt **21**, 32
Ara pacis 34
Argonauten 20, **22**
Aristoteles 37, **38**, 39
Asien 18
Askanius 15
Athen 18, **20**, 37, 38, 39
Augustinus 39
Augustus 7, 8, 15, 16, 18, 29, **30**, **34**, **35**, 36
Augustusforum 34
Aventin 16

B
Bacchus **11**, 20
Basilika 17
Benedikt 41
Bonifatius 41
Brutus 15, 28

Bürger 6, **24**, 31
Bürgerkrieg 26, **28**, 29, 34

C
Cäsar 15, 18, **28**, 29, 30, 34
Camillus 27
Cato maior 27
Cato minor 28
Ceres **11**, 23
Charon 23
Christentum 30, **31**, 41
Christenverfolgungen 31
Cicero **28**, 38, **39**
Circus 5, **7**, 30
Cleopatra 28
Cloaca Maxima 17, **21**
Coriolan 27
Corpus iuris civilis 40
Curia 17

D
Dädalus 22
Danaiden 23
Deukalion 22
Diana 11
Diktator **25**, 27, 28, 29
Diogenes 38
Drama 20

E
Elysium 23
Epikur 38
Essen **4**, 5
Etrurien 18
Europa 18, **22**
Eurystheus 14

F
Familie 4
Forum Romanum **17**, 21, 30

G
Gallien **18**, 28
Gallier 27
Götter 8, 9, **10**, **11**, 14, 17
Gottesvorstellung 8
Griechenland **18**, 19, 37

H
Hades 10, **23**
Hadrian **30**, 32, 33
Hadrianswall 32
Hannibal 18, **27**
Helena **12**, 13
Hektor 12
Herkules 10, **14**, 18, 20, 22
Hieronymus 41
Homer **12**, 13
Horaz 34, **35**
Humanismus **42**, 43

I
Ikarus 22
Isiskult 31
Iustitia 40

J
Julia 35
Juno **10**, 13, 14, 27
Jupiter **10**, 11, 13, 14, 16, 18, 22

K
Kaiserforen **16**, 34
Kaiserkult 8, **31**

Kaiserzeit **26**, 32, 40
Kampanien **18**, 19
Kapitol 9, **16**, 17, 21, 27, 35, 39
Karthago **18**, 27
Katakomben 31
Klassizismus 42
Kleidung 4
Klöster 41
Komödie 7, **20**
Königszeit **26**, 40
Konstantin 8, **30**, 31, 39
Konsul 15, 24, **25**, 26, 28
Kreta **18**, 22

L

Landleben 6
Laokoon **12**, 13
Latium 19
Latrine 21
Livia 34, **35**
Livius 35
Liktor 25
Limes 32

M

Makedonien **19**, 26, 37
Marathon 37
Marc Aurel 38, **39**
Marcellus 35
Marius **28**, 29
Mars **10**, 11, 15, 16, 34
Marsfeld 16
Menelaos 12
Merkur 10
Mimus 20
Minerva **10**, 13
Mithraskult 31

N

Neptun 10
Nero **30**, 31, 39
Nessus 14
Neuzeit 43

O

Oktavian 26, 28, **29**, 34
Ödipus 20, **22**
Odysseus **12**, 13
Opfer **8**, 10, 12, 31
Optimaten 29
Orpheus 22
Ovid 36

P

Palatin **16**, 21, 34
Pantheon 30, **33**
Pantomimus 20
Paris 12, **13**
Patrizier **24**, 26
Penelope 13
Perikles 37
Platon **38**, 39
Plebejer 16, **24**, 26
Pluto **10**, 11, **23**
Pompejus 28, **29**
Pont du Gard 32
Popularen 29
Porta Nigra 32
Prätor **25**, 40
Priamos 12, **13**
Priester **8**, 9, 12, 40
Prometheus 22
Proskriptionen 28, **29**
Pyrrha 22
Pythagoras 38

Q

Quästor 25

R

Raffael 33, 39, 43
Rechtsprechung 25, **40**
Rechtsquellen 40
Rechtswissenschaft 40
Reisewege 19
Religion **8**, 31
Remus **15**, 16
Renaissance 39, **43**
Republik 15, 24, **26**, 40
Ritter **24**, 25
Romanik 43
Römerstädte 32
Romulus **15**, 16, 24, 26
Rostra 17

S

Säkularspiele 34, 35, **36**
Saturnus 11
Schauspieler 20
Schliemann 13
Scipio Africanus maior 27
Scipio Africanus
  minor 27
Senat 17, **24**, 25, 26, 29, 40
Senatoren 6, **24**, 29
Seneca minor 39
Sisyphus 23
Sizilien 18, **19**
Sklaven 4, 5, **6**, 24
Sokrates 38
Solon 37
Spanien 19
Sparta 12, **37**
Stadtleben 5

REGISTER 47

Ständekämpfe 16, 24, 25, 26, 40
Stoa **38**, 39
Styx 23
Sulla 28, **29**
Szene 20

T
Tantalus 23
Tartarus 10, 14, 22, **23**
Tarquinius Superbus **15**, 26
Tempel 8, **9**, 10, 11, 16, **17**, 19, 34
Tempelschmuck 9
Tetrarch 30
Theater 5, **7**, 16, **20**
Themistokles 37
Thermen 5, **21**
Theseus 19, **22**

Thomas von Aquin 39
Titus 30
Tragödie **20**, 22
Trajan 16, **30**, 33
Trajanssäule 16, **33**
Triumphbogen 17
Triumvirat 28, **29**
Troja 10, 12, **13**, 15, 18, 20
Trojanisches Pferd 13

V
Varusschlacht 36
Vatikan **16**, 30
Venus **10**, 11, 13, 15, 16
Vergil 35, **36**
Vesta 8, **11**
Via sacra 16, **17**
Via Appia **19**, 27
Villa rustica 6

Völkerwanderung 26
Volkstribun **25**, 26
Volksversammlung **24**, 25, 29, 40
Vorzeichen 9
Vulkan 11
Vulgata 41

W
Wohnung **5**, 6

Z
Zeiteinteilung 4
Zensor 24, **25**, 26, 27
Zerberus 14, **24**
Zwölf Arbeiten 14
Zwölftafelgesetz 26, **40**

Inhaltsverzeichnis

L1	L2		Seite
5	6	ALLTAGSLEBEN Grundzüge / Stadtleben; Stadthaus / Landleben; Landhaus / Unterhaltung	4–7
5	6	RELIGION Grundzüge / Götter	8–11
5	6	MYTHOLOGIE Troja / Herkules / Römische Frühgeschichte.	12–15
5	6	TOPOGRAFIE Rom / Forum Romanum	16–17
6	6	TOPOGRAFIE Mittelmeerraum / Imperium Romanum	18–19
6	7	ALLTAGSLEBEN Theater / Hygiene	20–21
6	7	MYTHOS Große Gestalten / Unterwelt	22–23
6	7	POLITIK Soziale Gliederung / Politische Ämter	24–25
6	7	GESCHICHTE Überblick / Frühe und mittlere Republik / Späte Republik / Kaiserzeit	26–30
7	7	RELIGION Kaiserzeit	31
7	7	FORTLEBEN ANTIKE Baudenkmäler	32–33
7	8	GESCHICHTE Augustus und seine Zeit	34–36
7	8	GESCHICHTE Griechenland	37
8	8	PHILOSOPHIE Griechenland / Rezeption.	38–39
8	8	ALLTAGSLEBEN Römisches Recht	40
8	8	GESCHICHTE Christianisierung Europas	41
8	8	FORTLEBEN DER ANTIKE Mittelalter / Neuzeit	42–43
		BILDNACHWEIS	44
		REGISTER	45–47
		INHALTSVERZEICHNIS	48